Hermann Himmelmann, Jürgen Hungerbach
Warum keiner die Chinesen versteht

D1987270

SERIE PIPER

Zu diesem Buch

China ist schon heute der größte Handelspartner in Asien. Das »Land des Lächelns« bietet viele Chancen, aber auch genauso viele Risiken. Viele Geschäftsleute scheitern an den kulturellen, politischen oder gesellschaftlichen Gegebenheiten im Land der Mitte. Hermann Himmelmann und Jürgen Hungerbach sind zwei exzellente China-Experten. Beide kennen das chinesische Wirtschaftsleben, die Tricks, die Fallstricke oder asiatischen Eigenheiten wie kaum andere Europäer. Anhand konkreter Beispiele aus dem Alltag westlicher Investoren erläutern sie Details über asiatische Eigenheiten und zeigen die wahren Chancen und gefährlichen Klippen auf. Ein absolutes Muss für alle China-Interessenten.

Dr. Hermann Himmelmann, geboren 1943, Journalist und Kaufmann, war über viele Jahre Gesellschafter eines deutsch-chinesischen Unternehmens in Shanghai.

Jürgen R. Hungerbach, geboren 1941, leitet zusammen mit einem chinesischen Partner ein Beratungsunternehmen in Shanghai. Er war einer der ersten Europäer, die nach der von Deng Xiaoping herbeigeführten Öffnung ein Unternehmen in China gründen konnten.

Hermann Himmelmann
Jürgen Hungerbach

Warum keiner die Chinesen versteht

und wie man mit ihnen trotzdem Geschäfte macht

Aktualisierte Ausgabe

Mit Karikaturen von
Hermann Himmelmann

Piper München Zürich

Mix
Produktgruppe aus vorbildlich bewirtschafteten Wäldern und anderen kontrollierten Herkünften
www.fsc.org Zert.-Nr. GFA-COC-1223
© 1996 Forest Stewardship Council

Aktualisierte Taschenbuchausgabe
Piper Verlag GmbH, München
Januar 2008
© 2005 Carl Hanser Verlag, München Wien
unter dem Titel: »Das China-Paradox«
Umschlag: Büro Hamburg, Heike Dehning, Stefanie Levers
Bildredaktion: Alke Bücking, Charlotte Wippermann, Daniel Barthmann
Umschlagfoto: Will & Deni McIntyre/Getty Images
Satz: Kösel, Krugzell
Papier: Munken Print von Arctic Paper Munkedals AB, Schweden
Druck und Bindung: Clausen & Bosse, Leck
Printed in Germany ISBN 978-3-492-25012-2

www.piper.de

Vorwort

„Die Wahrheit in den Fakten suchen“
Deng Xiaoping

Über China und seine Wirtschaft zu schreiben, gleicht dem Versuch, in die Fenster eines vorbeirasenden Zuges zu blicken. Und wenn Sie diesen Zug im Flug überholen wollten, so hätte er am Ort, wo Sie ihn erwarten, schon wieder eine andere Farbe. Er rast vorbei und gestattet dem Ausländer nur einen flüchtigen Blick in sein Inneres.

Dieser rote Faden soll Geschäftsleute und wirtschaftlich interessierte Reisende nach China begleiten. Er enthält konkrete Handlungsmuster für Investoren, führt durch das Labyrinth asiatischer Missverständnisse und verschweigt nicht die Risiken des Marktes. Viele Unternehmer sind von Euphorie in Enttäuschung verfallen. „Business hin und Economy zurück“, spottet man in China über Investoren, die ihr wirtschaftliches Engagement in den Sand gesetzt haben. Oft haben ihnen wesentliche Voraussetzungen gefehlt, von denen hier die Rede sein wird. Unter Verzicht auf Aktualität von Daten, die sich in China selbst überholen, ziehen wir den Gewinn für den Leser aus einer tieferen Schicht von Erkenntnissen, die in mehr als 20 Jahren Erfahrung in der Volksrepublik China gewachsen sind. Wir folgen dem Beispiel von Deng Xiaoping und suchen „die Wahrheit in den Fakten“.

Jürgen R. Hungerbach ist einer der ersten Passagiere des chinesischen Wirtschaftszuges. Er stieg schon ein, als Deng Xiaoping noch Lokführer war und das übrige Personal den Mao-Look trug. In mehr als zwei Jahrzehnten baute er mit einem chinesischen Partner ein Beratungsunternehmen in China auf, das zahlreiche Joint Ventures vor allem für deutsche Unternehmen vorbereitet und zum Erfolg geführt hat. Die Referenzliste weist weltweit operierende Konzerne, aber auch viele mittelständische Unternehmen auf, die sich auf den Rat von Hungerbach verlassen haben.

Wir stellen die Frage: Was passiert wirklich in China? Business oder Economy? Geschäfte machen oder Grundsteinlegung für eine wirtschaftliche Zukunft? Auf welche Risiken und welche Chancen lassen sich westliche Unternehmer ein? Chinas win-win-Versprechen an westliche Investoren ruht auf zwei Säulen, deren Statik täglicher Kontrolle bedarf: Die Kontinuität des ökonomischen Wachstums hängt von der politischen Stabilität ab. Hoffnung auf politische Kontinuität ist nur unter gesunden wirtschaftlichen Verhältnissen realistisch. Wachsender Nationalismus löst kommunistische Überzeugungen ab. So bleibt Taiwan ein Unsicherheitsfaktor, der mit der zunehmenden Bewaffnung auf beiden Seiten nicht kleiner wird. Unter einer wirtschaftlich prosperierenden Oberfläche setzen archaische Verhaltensmuster westliche Rationalität außer Kraft. China kostet mehr als ein Lächeln.

An welchem Ort in China Sie auch sein werden, lächeln Sie zurück und verlieren Sie nie aus den Augen, warum Sie hier sind. Chinesen respektieren klare Linien, Härte und Durchsetzungsvermögen in Verhandlungen. Sie verachten Verlierer. Vergessen Sie die wohl gemeinten Ratschläge westlicher Reiseführer, damit am Ende nicht Sie selbst es sein werden, der das Gesicht verliert. Glück und Guanxi (chin.: Beziehungen) bekommen Sie nicht umsonst.

Inhalt

In China nichts Neues

Erinnerungen an die Zukunft

Blick zurück nach vorn

Der Pachtvertrag sichert den Deutschen einen Militär- und Handelsstützpunkt in Jiaozhou sowie Eisenbahn und Bergwerkskonzessionen in der Provinz Shandong. Aus dem Dorf Qingdao wird eine typisch deutsche Stadt mit Kanalisation, Wasserleitung und elektrischer Straßenbeleuchtung. Zu den öffentlichen Einrichtungen gehören der Bahnhof der Shantung-Eisenbahn, das Zollamt, die „Deutsch-Asiatische Bank", der Schlachthof und das Lebensmittel-Überwachungsamt, eine Deutsch-Chinesische Hochschule sowie mehrere staatliche und private Schulen. 3

Die deutsche Maschinen- und Elektroindustrie exportiert Waren und Industrieanlagen, die Deutsche Bank eröffnet eine Filiale. Auch eine deutsche Ingenieursschule wird in Shanghai errichtet, die von der „Vereinigung zur Errichtung deutscher technischer Schulen in China" finanziert wurde. Die deutsch-chinesischen Beziehungen können besser kaum sein, wenn man für einen Augenblick vergisst, dass der vorangestellte Text ohne Anführungszeichen aus dem Bertelsmann-Geschichtslexikon entnommen wurde und die Situation deutscher Unternehmer in China um 1898 beschreibt.

Der Geschäftsreisende aus Deutschland betritt im beginnenden 3. Jahrtausend in der Volksrepublik keinen fremden Boden. Die diplomatischen Beziehungen zwischen China und Preußen gehen auf das Jahr 1863 zurück. 1871 eröffnet die Deutsche Bank eine Filiale in Shanghai. Warschauer &. Co, eine große Berliner Bank, gewährt 1886 der China Railway Company einen Kredit. Um die Jahrhundertwende wütet der Boxeraufstand. 1900 wird der deutsche Gesandte in

China ermordet. Der Deutsche Kaiser Wilhelm II. hält seine flammende „Hunnenrede“, deren Inhalt zu den vielen Peinlichkeiten deutscher Geschichte gehört, die noch manches Geschäft bis in diese Tage überschatten. Die deutschen Geschäftsleute können einpacken. Was sie in drei Jahrzehnten zusammen mit ihren chinesischen Partnern aufgebaut haben, stößt der großdeutsche Willi Zwo mit dem Hintern wieder um.

1912 wird China Republik. Dr. Sun Yatsen eröffnet seinem Land eine demokratische Option. Viele deutsche Unternehmer, die Erfahrungen und Erfolge im Chinageschäft hatten, hoffen auf diesen Mann. Aber dann kommt der Erste Weltkrieg und 1917 die chinesische Kriegserklärung an Deutschland. Für lange Zeit wird China sich vor der Welt verschließen und einen eigenen, beschwerlichen Weg gehen. Bis ein kleiner großer Mann, Deng Xiaoping, 70 Jahre später das Tor zur Welt wieder aufstößt. Seine Erfahrungen mit der Kulturrevolution und der Vergangenheit unter Mao, die Querschnittslähmung, die sein Sohn durch die Roten Garden davontrug, mögen mit dazu beigetragen haben, die Welt mit anderen Augen zu betrachten, als es den Genossen der Kommunistischen Partei Chinas bis dahin möglich war.

Geschichte wiederholt sich nicht, sagen die Historiker. Doch nur wenige Jahre nachdem erneut ein Heer westlicher Unternehmer durch das von Deng geöffnete Tor in China einfällt, erfüllt sich die Prophezeiung Dengs, dass durch geöffnete Fenster auch Fliegen eindringen, in einer Weise, deren Folgen nicht abzuschätzen sind. Nicht politische Abenteurer oder Hasardeure wie noch vor hundert Jahren bedrängen das xenophobe China. Durch die geöffneten Fenster drängen westliche Versuchungen und liberale Ideen herein. Es sind die Studenten, die nicht warten wollen, bis die alten Männer der KPC die Welt begriffen haben.

Diese Ungeduld kostet am 4. Juni 1989 auf dem Tiananmen-Platz in Beijing viele junge, mutige Chinesen das Leben. Die Volksrepublik steht am Pranger der Weltöffentlichkeit. Fluchtartig verlassen westliche Investoren das Land. Indem sie gehen, wissen sie zugleich, wie schwer es sein wird, die eben zugeschlagenen Türen wieder zu öffnen. Dass sie nach angemessener Schamfrist zurückkehren würden, bezweifelte niemand ernsthaft. Sie sind zurückgekehrt. Mehr von ihnen als je zuvor. China kann nicht mehr zurück. Die Bezeichnung, die Bill Gates seinen Produkten gab, kann treffender nicht sein: Windows. Diese Fenster lassen sich nicht mehr schließen.

Vertrauen ist der Anfang von allem

Der wirtschaftliche Durchmarsch der letzten beiden Jahrzehnte und der Beitritt zur WTO haben China auch politisch zum Mitglied von König Artus' weltweiter Tafelrunde gemacht. Die großen Polit-Kapitäne dieser Welt verbeugen sich vor den Thronfolgern des alten Reiches. Ohne die kumpelhaften Umarmungen unter Europäern sitzen die Nachfolger der Imperialisten gesittet auf den feudalen Fauteuils in den Empfangsräumen des Reiches der Mitte und legen brav die Arme auf die Häkeldeckchen, wenn Hu oder Wen das Wort an sie richten. Respekt. Abgesehen von dem japanischen Nachbarn, mit dem das Verhältnis nur „durch die Abwesenheit strategischer Konflikte bestimmt" (*DIE ZEIT*) wird, lässt wenig auf die Wahrscheinlichkeit schließen, dass China die neu erworbene Achtung ein weiteres Mal aufs Spiel setzen könnte. „Vertrauen ist der Anfang von allem". Nicht nur die deutschen Bankiers wissen das. Die Welt hofft, dass die Volksrepublik auch mit ihrer Taiwan-Politik nicht das Erreichte gefährden wird.

Eines der intelligenten Werkzeuge, die schon Jiang Zemin erfolgreich einzusetzen verstand, war die Erfindung der Partnerschaft zwischen westlichen und chinesischen Unternehmen. Anders als noch vor hundert Jahren bestimmen

nun die Chinesen selbst die Bedingungen, unter denen Ausländer in China Geschäfte machen dürfen. Der Teppich, den sie westlichen Investoren ausrollen, ist umso komfortabler, je weiter Investoren bereit sind, ihren chinesischen Partnern ins Innere des Landes zu folgen. Der Anteil personeller und industrieller Beteiligung der chinesischen Seite an der gemeinsamen Produktion war mit den Vorschriften über den „local content" schon früh festgelegt. Alle ausländischen Unternehmer in China wissen ein Lied davon zu singen, wie schwierig es war, unter diesen Bedingungen Qualität herzustellen.

Der anhaltende Zustrom der Investoren bestätigt aber, dass die Qualitätsprobleme auf dem Weg der Besserung sind. Dafür entwickelt sich ein neues Phänomen zu erstaunlicher Reife. Die Intention, den ausländischen Partner als Investor und Ideenschmied nur so lange zu dulden, bis man selbst in der Lage ist, die Produktion allein weiterzuführen, hat ein typisch asiatisches Gesicht. Es besteht auch kein Zweifel, dass selbst im chinesischen Wirtschaftsministerium diese Art der Umkehr historischer Ausbeutung als vollkommen legitim betrachtet wird.

Umso intensiver arbeiten deutsche und andere Investoren an der Verschlüsselung ihrer Kernkompetenzen. Ein Beispiel dafür ist der Transrapid, der bald vom neuen Shanghai Airport in Pudong das 170 Kilometer entfernte Industriezentrum Hangzhou erreichen soll. Die Thyssen-Krupp-Manager sehen mit Bedenken, dass der Anteil der chinesischen Produktion an dem Flugzeug auf Schienen demnächst 80 Prozent betragen wird. Immer wieder muss das Prestigegeschoss außer Betrieb gesetzt werden, da die Stelzen nicht in allen Fällen sicher gegründet wurden. Bei 431 km/h wackelt das Teil gelegentlich ganz schön. Der deutsche Konzern kämpft nun um seine technologischen Geheimnisse des Magnetantriebs, den die Chinesen am liebsten auch zum Bestandteil des „local content“ machen würden.

So verengt sich der westliche Beitrag im Rahmen globaler Arbeitsteilung immer mehr auf intelligente Leistungen und die Herstellung komplizierter Schlüssel, die ohne Freigabe der Codes westliches Know-how unanwendbar machen. Dies erfordert hohe Investitionen in eigene nationale Bildung, um den schrumpfenden Vorsprung auszubauen oder zu erhalten. Die deutsche Industrie blickt zurück auf hundert Jahre alte Partnerschaft mit China. Im Jahr 1900 wurde die „Deutsch-Chinesische Hochschule“ in China eröffnet. Initiatoren und Geldgeber waren Unternehmer. Die neuen Installationen z. B. der Bayerischen Landesbank mit ihrem German Center in Shanghai bieten eine Art Brückenkopf für mittelständische Wirtschaftsinteressen in China. Die German Centers in Shanghai und Beijing konnten für einige Unternehmen schon Sprungbrett in den chinesischen Markt sein.

Der eigene Briefkasten in China bleibt dennoch für viele Unternehmer, die ein „Rep-Office" in Beijing oder Shanghai alimentieren, der vorerst einzige Höhepunkt ihrer asiatischen Präsenz. Dabei sein ist alles, heißt die Devise vieler Unternehmer, die eine chinesische Adresse auf dem Briefbogen wie eine Eintrittskarte zum Liebesmahl des ostasiatischen Vereins vorweisen. Die jährliche Veranstaltung des gediegenen hanseatischen Clubs heißt tatsächlich so. Sie ist kein schlechter Anknüpfungspunkt für Gespräche mit alten Fahrensleuten. Die wirtschaftlichen Aktivitäten einer Repräsentation aber sind eingeschränkt und beschränken sich aufs Zuschauen beim Spiel der Global Player.

Freiheit für Unternehmer

8 Ernsthafte Akteure überspringen diese Stufe und stürzen sich ins Getümmel, nachdem sie sich über die Spielregeln vorher ein genaues Bild gemacht haben. Dazu aber bedarf es eingehender Analysen und kompetenten Rates, die man sich bei Leuten holen sollte, die mindestens ein gutes Jahrzehnt in China auf dem Buckel haben und alle Apotheken kennen, vor denen ausländischen Pferden schon einmal übel geworden ist. Noch wichtiger für Newcomer ist, sich bei anderen Industriekollegen zu erkundigen, mit welchen Beratern sie in China die besten Erfahrungen gemacht haben. An keiner anderen Stelle ist die „evidenzbasierte" Erfolgskontrolle billiger, schneller und verlässlicher zu haben, bevor man eigenes Geld riskiert.

China ist weit offen für Ideen, die Armut der Landbevölkerung zu lindern, ihr eine moderne Perspektive zu geben, den Anschluss an die Industriegesellschaft der Ostküste ohne soziale Brüche zu ermöglichen. Nirgendwo weiß man besser als in Deutschland, wie weit zurück historische Erinnerung reicht. Die Vision deutscher Industrieller vor hundert Jahren ist unverbraucht. Die Projektion dieses Déjà vu in die Zukunft kann die wirtschaftliche Position Deutschlands in China für beide Länder zur Neuauflage eines win-win-Projekts werden lassen. Vieles hat sich schon erfolgreich bewegt. Jetzt begrüßen wir Sie als Leser oder Unternehmer in China. Sollten Sie zufällig aus Deutschland kommen, dann werden Sie Ihre Freude daran haben, dass man in China die Ärmel hochkrempeln und sich vorwärts bewegen kann, ohne dass einem ein Heer parasitärer Beamter auf den Füßen steht. Mit der Penetranz der chinesischen Kollegen ist leichter umzugehen.

Angesichts der volkswirtschaftlichen Umnachtung der deutschen Politik bietet China für richtige Unternehmer erfrischende Freiheiten. Gerade noch 26 Millionen Menschen sind in Deutschland sozialversicherungspflichtig beschäftigt, knapp ein Drittel der Bevölkerung. Mit mehr als 40 Prozent bezieht aber fast die Hälfte aller Deutschen den Hauptteil ihres Einkommens vom Staat. Angesichts dieser düsteren Diagnose fällt es immer mehr Unternehmern leicht, sich auf ein überschaubares Abenteuer in einem „emerging country“ einzulassen. Emerge heißt: aus einem bestimmten Zustand heraustreten, sich emporbewegen. Die Sehnsucht des deutschen Mittelstandes nach Bewegung, nach Handlungsfreiheit findet in China ein fast unberührtes, weites Feld.

Viele Deutsche, die lange in China gelebt und gearbeitet haben, sagen übereinstimmend, wie schwer es ihnen fällt, nach längerer Abwesenheit eine deutsche Zeitung aufzuschlagen. „Die haben Sorgen“, ist der erste Gedanke, der ein Kopfschütteln über deutsche Ignoranz vom Zustand der Welt auslöst. In China fährt der Transrapid. In China wird der Airbus A 380 schon zur Olympiade fliegen. Chinas größter Computerhersteller Lenovo kauft das gesamte PC-Geschäft von IBM, einschließlich des Vertriebsnetzes in 160 Ländern. In Leipzig steht auf der Auto Mobil International 2005 das erste Auto aus rein chinesischer Produktion. Der „Zhongua“ sieht aus wie der große Lancia und ist 200 km/h schnell. Aber als der neue „Brillance“ 2007 vom ADAC bei 50 km/h Aufprallgeschwindigkeit total ruiniert wurde, ziehen die Chinesen das Modell zurück.

Die Frustration, die viele Unternehmer aus Deutschland treibt, kann nicht darüber hinwegtäuschen, dass China noch manche dunkle Seiten hat, mit denen man nicht unbedingt Bekanntschaft schließen möchte. Als Erfinder der Menschenrechte sollten Deutsche aber auch nicht auftreten. Historische Hypotheken auf beiden Seiten sind eher Anlass zu Bescheidenheit. Die Gegenwart zeigt, dass sich in China alles bewegen lässt, was in Deutschland in Erstarrung verharrt. Während deutsche Politiker die Abschaffung des Nationalfeiertags erwägen, schaffen Chinesen noch zusätzliche Feiertage, um den Konsum anzukurbeln – ohne Ladenschlussgesetze. Bei einer Sparquote von 40 Prozent des Nettoeinkommens haben viele Chinesen vor lauter Arbeit kaum Zeit zum Geldausgeben.

Für europäische Unternehmer wirkt China wie eine Befreiung von der unerträglichen Last sozialer Wahnvorstellungen. China bestraft den Erfolg nicht mit Neiddebatten, sondern hebt ihn als Vorbild hervor. China hat die Hoffnung, dass der Erfolg der Erfolgreichen die Grundlagen für einen breiteren Wohlstand bilden wird. In der wirtschaftlichen Entwicklung Deutschlands nach 1945 hat China ein historisches Vorbild. „Will ich der größten Bildungs- und Sozialpsychiatrie Europas noch der Arzt sein?“ fragt ein deutscher Investor mit Blick auf seine Heimat.

Der Niedergang dieser Wohlstandsgesellschaft durch die Verleugnung des Zusammenhangs zwischen Lohn und Leistung bildet das beispielhafte Gegenstück für Chinas Lernprozess. Mit Unverständnis beobachten Chinesen, wie Koalitionen von deutschen Weltverbesserern aus einem Wirtschaftswunder eine wunderliche Wirtschaft gemacht haben. Das soll ihnen nicht passieren. „Die Wahrheit in den Fakten suchen“ (*Deng*) heißt, die Augen nicht verschließen vor der Offensichtlichkeit. Offensichtlich hat China mit dem Prinzip geteilter Freiheit Erfolg. Dennoch dürfen gerade Unternehmer nie vergessen, was Bei Dao ihnen mit auf den Weg gibt: „Freiheit ist der Abstand zwischen Jäger und Gejagtem.“

Willkommen in China!

Recht und Unrecht

Zwischen allen Stühlen

Rechtsunsicherheit in China

„Zielen Sie auf den Mond. Selbst wenn Sie ihn verfehlen, landen Sie zwischen den Sternen“, rät Les Brown mutigen Investoren. Wer in China als ausländischer Investor auf sein Recht zielt, landet häufig zwischen allen Stühlen. Recht in China ist verhandelbar. Besonders deutsche Geschäftsleute, die den alten Konfuzius nicht kennen, verzweifeln an der Rechtsstruktur Chinas, die keinen Halt bietet. Europäische Juristen bezeichnen sie als „weich und bodenlos“. Wer aber lange genug in China lebt, entdeckt auch die Vorzüge der Unverbindlichkeit dieses Systems. Wichtig ist, dass Ausländer begreifen, wer welche Rechtsautorität in der Volksrepublik China besitzt. Und dass Konfuzius immer noch ein Wort mitzureden hat.

„Ein Streit wurde von jeher nach Sitte und Moral, nicht aber nach Rechtsstandpunkten beurteilt. Hinzu kommt, dass ein Gerichtsverfahren, das Recht und Unrecht feststellt, stets mit einem Gesichtsverlust für die eine oder andere Seite verbunden ist“, schreibt der erfahrene Jurist Käser-Friedrich. Sein Kollege Heuser ergänzt, dass die „zum Interpretationsstandard erhobene konfuzianische Lehre höhere Autorität genoss als das Gesetz“. Der Rechtslehrer Anthony Dicks sieht die aktuelle Situation in China so, dass trotz eines beträchtlichen Gesetzgebungsvolumens für den Außenhandel und trotz immer neuer Abstimmungen, die nach Klagen ausländischer Unternehmen vorgenommen werden, „eine riesige Lücke zwischen der Art von Rechtssystem, das China im Begriff ist zu entwickeln, und den Rechtssystemen, die Geschäftsleuten in den meisten westlichen Ländern vertraut sind, für immer bestehen bleiben wird“.

Eine weitere Kraft beschreibt Nicolas Himmelmann in „Rechtssicherheit bei Direktinvestitionen in der VR China". Neben dem orthodoxen Konfuzianismus sieht er auch „die marxistische Geschichte chinesischer Politik als prägendes Element der Rechtskultur". Schließlich lehnt die Rechtsauffassung des Marxismus „den Rechtsstaatsbegriff für ihre Rechtsordnung eindeutig ab. Nach originärer marxistischer Lehre vom Staat haben gesetzliche Institutionen – ebenso wie politische – in keinem System die Kraft zu entscheidender Veränderung. Sie sind gegenüber ökonomischer Kraft ohnmächtig." An anderer Stelle berichtet N. Himmelmann aus eigener Erfahrung als Manager bei Daimler-Benz in Beijing: „Dies führt dazu, dass besonders in der Automobilindustrie jede Form von gerichtlicher Konfrontation notfalls sogar unter Aufopferung anscheinend eindeutiger Rechtspositionen vermieden wird."

Es bestehen keine individuellen Grundrechte in Abgrenzung politischer Macht, sondern nur „im Einklang mit der gesellschaftlichen Basis", so der Staatsrechtler Doehring. Artikel 51 der chinesischen Verfassung verbietet die Verletzung der „Interessen des Staates, der Gesellschaft oder des Kollektivs". Und in Artikel 33 wird die Gewährung der individuellen Rechte eng an die Erfüllung der Pflichten gebunden. Auf diesen Grundlagen ist die Sicherung des Eigentums durch Verfassungsergänzung von 2004 zu interpretieren.

Noch vor 250 Jahren meinte Voltaire, ein Freund und Bewunderer Friedrichs des Großen, der Mensch könne „keine bessere Regierung als die chinesische ersinnen". Er stützte sich auf die große Idee des konfuzianischen Kaisertums, das sein Herrschertum als Vorbild an Moral und Tugend begriff. „Führe Dein Volk durch Gesetze und ordne es durch Strafen, und das Volk wird versuchen, den Strafen zu entgehen, aber es wird keine Scham haben. Führe das Volk durch Tugend und ordne es durch Rituale des Anstands, und das Volk wird Scham haben und gut werden."

Der Psychoanalytiker Sigmund Freud unterstützt Konfuzius auf seine Weise: „Der Verlust der Scham ist der Beginn des Schwachsinns.“ Ein Blick auf die westliche TV-Kultur bestätigt den Libido-Experten als Fern-Seher der besonderen Art. Der Westen hat die tradierten Mauern des Anstands, der Scham abgetragen. Die Grundidee konfuzianischen Denkens vor zweieinhalbtausend Jahren war, den Adel qua Geburt durch den Adel der Erziehung abzulösen. Vorbilder, wie Konfuzius sie begriff, haben in der modernen politischen Welt keine Chance, stehen doch gerade die edukativen Forderungen des Kung Fu Tse der medialen Gier nach Monstrosität, exhibitionistischer Entäußerung und debiler Regression entgegen. Weisheit bewegt nicht, Klugheit trägt nicht.

Als die Chinesen die Fenster zum Westen öffneten, „kamen auch Fliegen herein“, wie Deng es ausdrückte. Folge der Erodierung von Tugenden sind hier wie dort akribische Auslegungen, komplizierte Ausweitung der Rechtssysteme und Rechtsprechung. Recht haben und Recht bekommen sind mit Kants kategorischem Imperativ nicht mehr kompatibel. Konfuzius hatte die Maxime „recht“-mäßigen Handelns vorweggenommen und mit dem Tugendbegriff überhöht. Der ist in moderner Rechtsauffassung konkret nicht fassbar und in der Rechtsprechung nicht anwendbar. Voraussetzung wäre, wie zur Kaiserzeit in China, ein lange erzieherische Tradition über viele Generationen. Der Verlust von Werten, gewissermaßen der Verlust des kulturellen Bewusstseins, lässt China den westlichen Ländern auf einem bedenklichen Weg folgen.

Der Verdreifachung der Juristenzahl in Deutschland in den letzten beiden Jahrzehnten steht eine Vervielfachung der exekutiven Einsatzkräfte in China gegenüber. Im „Westernsuburb“ in Shanghai berichten Ausländer von einer sprunghaften Zunahme der Prozessbereitschaft ihrer chinesischen Kollegen und Mitarbeiter „wegen nichts und wieder nichts“. Der klassische „Prozesshansl“, den die ALLIANZ in einem Werbespot aufs Korn nimmt, in dem ein Ast über den nachbarlichen Zaun ragt und Anlass für eine gerichtliche Auseinandersetzung bietet, findet in China immer mehr Analogien. Die explosionsartige Entwicklung der urbanen Zentren an der Ostküste erfordert, noch bevor die chinesische Rechtsprechung mit den sozialen Auswüchsen der Flucht in die Städte Schritt halten kann, eine stringente, sogar militante Prävention. Die chinesische Polizei ist wenig zimperlich. Ihr bedingungsloser Gehorsam gegenüber dem Durchsetzungswillen staatlichen Machtanspruchs erlebt aber auf dem Land zunehmend Gegenwehr.

„Banale Alltagsvorfälle eskalieren immer öfter blitzartig zur Randale", schreibt Johnny Erling und berichtet von Aufständen der Dorfbevölkerung im zentralchinesischen Henan. Weil ein Parteifunktionär einen Tagelöhner verprügelte, so Erling, randalierten in Wanzhou Zehntausende gegen korrupte Beamte. Obwohl die Provinzregierungen alles unternehmen, solche Vorfälle unter der Decke zu halten, sickern immer wieder Berichte über blutige Zusammenstöße der Bevölkerung mit den Ordnungskräften durch. Fast immer sind Arroganz und Bestechlichkeit der Parteikader der Anlass. Die Parteiführung in Beijing, die ausländische Unternehmen gerade auch auf dem Land in Joint Ventures mit Not leidenden Staatsbetrieben einbinden will, weiß um die Brisanz des Unruhepotenzials.

Der Präsident der Industrievereinigung Chinas, Xu Kuangdi, sagte im Gespräch mit Bundeskanzler Gerhard Schröder, der Unsicherheit deutscher Investoren im Umgang mit chinesischem Recht müsse durch schnelle Angleichung der Rechtsbegriffe abgeholfen werden. Xu forderte Transparenz für sein Land, wies aber auch darauf hin, dass chinesische Investoren in Deutschland ebenfalls Unsicherheiten beklagen. Dass er damit ausgerechnet die Probleme chinesischer Arbeitgeber in Deutschland mit deutschen Gewerkschaften meinte, bemerkte der ebenfalls anwesende Siemens-Chef von Pierer mit Erstaunen.

Ausländische Kaufleute nehmen zur Kenntnis, dass der

Einfluss des Konfuzius auf die Rechtsgestaltung in China kleiner wird. Die Chinesen haben auch auf diesem Sektor verstanden, dass wirtschaftliches Wachstum eine gefestigte und zuverlässige Rechtsordnung braucht. Sie arbeiten daran. Bis zu einer Verfassung europäischen Standards ist es noch ein weiter Weg. Bis dahin erweist sich die chinesische Erfindung des Joint Venture ein weiteres Mal als multivalente Zauberformel auch für den Umgang mit chinesischen Rechtsunsicherheiten. Ausländische Unternehmer, die in Joint-Venture-Verträgen mit chinesischen Partnern verbunden sind, stoßen bei den Rechtsbehörden auf eine geringere Sanktionsbereitschaft als eigenständige (Wholly Foreign Owned Enterprises) Auslandsunternehmen in China.

Die staatliche Sanktion der Missachtung geschriebenen oder ungeschriebenen Rechts durch ein Joint-Venture-Unternehmen träfe immer beide Partner, den ausländischen *und* den chinesischen. Auch in China ist Blut dicker als Wasser. So stehen oft in der Auseinandersetzung mit dem chinesischen Rechtssystem die ausländischen Investoren im Windschatten ihrer chinesischen Partner. Vor diesem Hintergrund wird deutlich, warum auf der Grundlage eines „weichen und bodenlosen Rechts" in China Ausländer und Chinesen gemeinsam so erfolgreich sein können. Auf lange Zeit noch werden Rechtsbegriff und Rechtsverständnis Imponderabilien sein, die sich eher der philosophischen als juristischen Interpretation erschließen.

Darüber hinaus ist „der Nationalismus der einzige Kitt, der die Partei an der Macht hält. Da die kommunistische Partei nicht mehr kommunistisch ist, muss sie umso ausgeprägter chinesisch sein", schreibt Theo Sommer. Das aber bedeutet für westliche Investoren, dass die chinesischen Rechtsgrundlagen auch für die absehbare Zukunft mehr dem historischen chinesischen Verständnis als einer international gültigen Rechtsordnung unterworfen sein werden. Einer weiteren Empfehlung des Konfuzius folgend werden sie „den Geistern opfern, als ob es Geister gäbe".

Ausländische Investitionsentscheidungen in China folgen nie einer rein juristischen Rationalität, sondern nur einer Gesamteinschätzung des rechtlichen und politischen Risikos. Die Liste internationaler Autoren zum Thema der Rechtssicherheit in China ist lang. Die Quintessenz all ihrer Betrachtungen führt zu keiner konsistenten Empfehlung. „Weich und bodenlos“ bleibt das chinesische Rechtssystem bis auf weiteres. Der pragmatische Investor übersieht aber auch nicht, dass die ihm aus Deutschland vertrauten Phänomene der Überregulierung und kleinstkarierter Auslegung durch pathologische Beamtenhirne in China nicht in dieser unabänderlichen Weise im Weg stehen. Max P., ein deutscher Mittelständler aus dem Bergischen Land, der sich schon vor 20 Jahren nach China wagte, kommentiert die Rechtsunsicherheit auf seine Weise: „In China erreiche ich als Unternehmer ohne Umwege, was ich will. In Deutschland nehmen sie mir die Luft zum Atmen und, was schlimmer ist, die Freude an der Arbeit.“ Man mag es beklagen, aber Recht ist in China verhandelbar, wenn als Verhandlungsresultat ein Vorteil für die Allgemeinheit dabei herauskommt. Diesen Vorteil als Bestandteil und Ergebnis in seine Strategie einzubauen und deutlich zu machen, führt fast immer zum Erfolg bei chinesischen Behörden.

Die Geschichte des alten chinesischen Rechtslehrers, der in der Disputation mit seinen Schülern in Erklärungsnotstand gerät, vermittelt einen Eindruck vom chinesischen Rechtsbegriff. Auf den Einwand eines seiner Studenten, Recht sei im Verständnis des Daoismus anders bewertet als in dem des Kung Fu Tse, gibt der diesem Recht. Das ruft augenblicklich einen anderen Studenten auf den Plan, der empört darauf hinweist, dass man noch im letzten Semester die Rechtsdefinition unter dem buddhistischen Aspekt entgegengesetzt bewertet habe. Da hast du auch Recht, bestätigt der Lehrer den zweiten Schüler. Ganz verwirrt eilt der alte Jurist am Mittag nach Hause, wo er seiner Frau von den

Diskursen des Vormittags erzählt. Das ist mal wieder typisch für dich, sagt seine Frau. Du kannst doch nicht dem einen Recht geben und dem anderen auch. Da hast du auch Recht, erwidert der Lehrer.

Die dritte Schublade

Nichts geht ohne Korruption in China

Korruption ist eine saubere Sache. Eine Hand wäscht die andere. Die alten Römer wussten schon: „do ut des" – ich gebe, damit du gibst. In China betrifft die Ambivalenz der Begünstigungen alle Bereiche des amtlichen, öffentlichen und privaten Lebens. In Abwandlung eines lehrreichen Kinderreims lautet die chinesische Variante: Vor dem Geschäft und bei dem Essen, Hände waschen nicht vergessen. Diese Gewohnheit Korruption zu nennen, entspricht der eingeschränkten Wahrnehmung westlicher Beobachter. Das Glashaus, in dem sie sitzen, hat so dünne Scheiben, dass der deutsche Korruptionsjäger, Oberstaatsanwalt Wolfgang Schaupensteiner in Frankfurt, mit seinen Vermutungen äußerst vorsichtig auftritt, um Erschütterungen zu vermeiden. Nach seiner Auffassung gilt als unbestreitbar, „dass in Teilen der staatlichen Verwaltung (Deutschlands) bis zu 90 Prozent aller Bauvorhaben auf Bestechung und Preisabsprachen beruhen" (*Die Welt*). Den Kopf kostet es jedenfalls nicht in Deutschland. Chinesen bezahlen gelegentlich mit dem Leben dafür.

In seinem 2004 erschienen Roman „Muo und der Pirol im Käfig" schreibt der chinesische Autor Dai Sijie: „Die dritte Schublade von Richter Dis Schreibtisch war einen Spalt breit aufgezogen, genau wie der Rechtsanwalt angedeutet hatte. Dieser diskrete, kaum erkennbare Schlitz war das unauffällige Zeichen, dass man geneigt sei, ein ‚Empfehlungsschreiben' entgegenzunehmen. Der Bestechende musste, wie vereinbart, einen roten Umschlag mit dem Schmiergeld durch besagten Schlitz in die Schublade des zu Bestechenden stecken, und der Empfänger tat, natürlich, als hätte er nichts gesehen." Sijie, der 1954 in der Provinz Fujian geboren wurde, hat die chinesische Umerziehung am eigenen Leib erfahren, bevor er nach Paris emigrierte. Sein Roman „Balzac und die kleine chinesische Schneiderin" erlangte Weltruhm und wurde in 31 Sprachen übersetzt.

Konrad Seitz, deutscher Botschafter in China, sagte in einer Diskussion mit Journalisten im Rahmen einer Veranstaltung der Alfred Herrhausen Gesellschaft: „... die Regierung darf nicht korrupt sein. Korruption delegitimiert sie." 200 000 Parteimitglieder und hohe Funktionäre wurden in den letzten Jahren wegen Korruption verurteilt. Nicht wenige verloren ihr Leben durch Genickschuss. Seitz berichtete, dass der Chef der Antischmuggel-Brigade der Korruption überführt wurde. „Und das Tollste: der Chef der Antikorruptionsorganisation der Partei war ebenfalls korrupt. Die Korruption ist die Achillesferse der Partei."

Korruption ist Ausdruck des Endstadiums einer Gesellschaft, die sich über Generationen daran gewöhnt hat, dass ihre öffentlichen Ämter und Aufgaben häufig von Personen besetzt werden, die den Anforderungen täglicher Arbeit in Handwerk, Handel, Fabrikation, selbstständigen und unternehmerischen Positionen nicht gewachsen sind. Wie in Europa ein Heer inkompetenter Bürokraten den arbeitenden Menschen Strukturen und Abläufe ihres beruflichen Handelns vorschreibt und ihre Entwicklung behindert, haben auch in China jene Menschen Unterschlupf in der Anonymität aller Verwaltungs- und Exekutivorgane gefunden, die für anständige Erwerbsarbeit oft nicht zu gebrauchen sind. Ihre eigentliche Lebensleistung besteht – hier wie dort – in der rechtzeitigen Erkenntnis, dass nur der Staat individuelle Inkompetenz seiner Diener in der Masse seiner grauen Armeen verdecken und verstecken kann.

Erst einmal dort untergekommen, sozial gesichert und nahezu frei von Verantwortung, beobachten sie mit Missgunst die Erfolgreichen und mit Verachtung die Erfolglosen der Menschen „draußen" im Land. In China kommt erschwerend hinzu, dass in der Zeit ihres größten aller Führer (an dieser Stelle verzichten wir auf Analogien zu Deutschland) und der von ihm entfesselten Kulturrevolution das Unterste nach oben gekehrt wurde. Von diesen Schaumgebilden und ihren Verkrustungen hat China sich bis heute nicht befreien können. Der politische und ideologische Schmutzrand in den warmen Badewannen staatlicher Organisationen widersetzt sich hartnäckig allen Reinigungsversuchen. Wer beobachten konnte, wie Tausende von Stasispitzeln nach der deutschen Wiedervereinigung Unterschlupf im öffentlichen Dienst gefunden haben, sollte sich über chinesische Verhältnisse nicht wundern. Ein halbes Jahrhundert Sozialismus und seine Ideologie der Leistungsfeindlichkeit hat in China allen Formen der Korruption den Boden bereitet.

Bis in die entferntesten Dörfer reichte die ubiquitäre Macht der Partei. Die jämmerlichen kleinen Kaderhanseln ließen sich für jede Handvoll Saatgut hofieren und stahlen den Bauern noch das Ergebnis ihrer mühevollen Arbeit. In jedem chinesischen oder Joint-Venture-Unternehmen steht eine Kasse für die kleinen und größeren Gefälligkeiten von Amtspersonen bereit. Ohne Bargeld von Hand zu Hand würde in Tausenden Büros und Fabriken der Betriebsablauf stocken.

Eine kleine Vermessungsabweichung bei der Zufahrt, eine geringfügige Überschreitung einer unbekannten Vorschrift lösen ein stundenlanges Lamentieren mit öffentlichen Personen aus, auch wenn diese im Rang unterhalb eines Hofhundes stehen. Der für die Behandlung dieser Personen spezialisierte chinesische Mitarbeiter des Unternehmens kommt stets mit einem breiten Lächeln von dem schlichtenden Gespräch zurück. Der Amtmann zieht die Mütze und verbeugt sich mehrmals. Wiederholtes Nachmessen ergibt korrekte Werte für die Breite der Firmenzufahrt. Erneute Auslegung der Vorschriften lässt einen Mangel nicht mehr erkennen. Alles in Butter. Der ausländische

Chef des Unternehmens weiß nicht einmal, ob seine Geldscheine in voller Höhe in die Hände der Staatsgewalt gelangt sind, oder ob nicht auch der Überbringer noch etwas für sich abzweigen konnte. Korruption hat eine lange Geschichte in China.

Viele sagen, das sei in jüngerer Zeit etwas besser geworden. Die angedrohten Strafen sind drakonisch. Mit der Entfernung zu Peking und dem gewachsenen Selbstbewusstsein der riesigen Provinzen Chinas hat eine Dezentralisierung der Machtverhältnisse stattgefunden. Der Himmel ist hoch, und der Kaiser ist weit, sagen Gouverneure mit Blick auf Peking. Sie haben ihren Laden im Griff und kontrollieren die Verwaltungsstrukturen effektiver, als das zuvor möglich war. Im Zentrum der Macht hat man das zunehmend selbstständige Treiben mit einem zugedrückten Auge beobachtet, solange die wirtschaftlichen Entwicklungen der Provinzen den Beweis antraten, dass es ohne Politkommissare besser läuft. Mit dem Rückzug der Parteikontrolleure aus der wachsenden Privatwirtschaft nehmen – zumindest hier – auch die Bestechungsversuche ab. Die Chinesen sind über nichts so empört wie über Massendiebstahl, Gaunereien und Raffgier der Kaderclowns und Behördenvertreter.

So ist zu verstehen, dass jedem Korruptionsvorwurf gegen eines der 70 Millionen Mitglieder der Kommunistischen Partei nur von parteiinternen Kontrollausschüssen nachgegangen wird. Die Partei lässt die Ihren nicht im Stich. Und sie hat immer Recht, wie schon Mao-Freund Erich Honecker zu singen wusste. Ochs und Esel sind es jedenfalls nicht, die den Sozialismus in seinen internationalen Variationen aufhalten. Sie stellen nur den wesentlichen Teil der Parteimitglieder, – wie überall in der Welt.

Vor einem plötzlichen Paradigmenwechsel durch Einflüsse von außen haben die chinesischen Bonzen Angst. Hinter der tausendfachen Enteignung von Wohnraum gegen Entschädigungen in beleidigender Höhe, hinter Willkür und Rechtsentzug stehen Namen und Gesichter mit Parteiabzeichen. Man wird sich eines Tages erinnern, was die Partei des Volkes dem Volk genommen hat.

Gleichwohl bleiben die unmittelbaren Abhängigkeiten von Peking bestehen. Es ist das Politbüro, das Gouverneure und Parteisekretäre ernennt. An diesen langen Fäden lässt die Partei die Puppen tanzen. Wer die kleinen Handlungsspielräume, die ihm gewährt werden, überschreitet, spürt schnell die harte Hand des großen Spielers. Marionetten bleiben sie alle. Und die Partei, die übermächtige, amorphe Matrix, hat kein Gesicht, keine Gestalt und keine Persönlichkeit. In ihren Kavernen hüten scheinbar farblose Mumien die kommunistische Idee wie einen Gral. Von Zeit zu Zeit heben sie das glanzlose Blech empor und drohen damit dem Volke. Sein Inhalt ist ein zäher Leim, der alle wirtschaftlichen und sozialen Entwicklungen umschließt, sie verzögert, aber nicht ernsthaft behindert und sie schon gar nicht bewegungsunfähig macht. Betonköpfe sind sie nicht, wie man oft von den Mitgliedern des Politbüros behauptet.

Man darf davon ausgehen, dass ihnen die Wirkung der alten Trommelbremsen aus Kommunismus und Korruption für China in ganzer Klarheit bewusst ist. So wie der Heilige Vater wusste, dass er den Zug der Zeit nicht aufhalten konnte, ihn aber aus Angst vor der eigenen Vision von der Schrecklichkeit des Zielbahnhofs zu verzögern versuchte. Die führenden Köpfe in China haben sehr konkrete Vorstellungen davon, wohin die Reise zu gehen hat. Die anerkannte Notwendigkeit einer unerbittlichen Korruptionsbekämpfung wird behindert durch die Beziehungsgeflechte eigener Biografien und Karrieren. Eigene und fremde Erinnerungen an Vergangenheit und Gegenwart lassen den drohenden Zeigefinger schnell wieder in der Hosentasche verschwinden. Die dritte Schublade hat bei vielen offen gestanden.

Das hindert sie nicht, Korruption ein „metastasierendes Krebsgeschwür“ zu nennen, das ohne rigorose Entfernung Partei und Nation vor die Frage „Leben oder Tod“ stellen wird. Ernst nimmt man es schon. Aber Hoffnung kann man sich nicht machen, wenn man den offenen Brief des Parteisekretärs Huang Jingao liest, den er wagte, im August 2004 auf der Website von *People's Daily* zu veröffentlichen. Huang trägt eine schusssichere Weste, nachdem ihn aus dem von ihm verwalteten Bezirk Lianjiang zahlreiche Morddrohungen erreichten, weil er sich bei der Aufklärung eines Korruptionsfalles nicht selbst bestechen ließ. Als er verzweifelt Verständnis und Hilfe bei seinen Vorgesetzten in Partei und Verwaltung suchte, traf er „auf alle Arten der Behinderung, als wenn ein riesiges, unsichtbares Netz“ den von ihm bearbeiteten Korruptionsfall eingeschlossen hätte.

Auf den Schreibtisch des korrupten Richters Di stellt der Autor Sijie ein „detailgetreues Kampfflugzeug en miniature aus Patronenhülsen“. Jede der Hülsen trägt eingeprägt einen Namen und ein Datum. Richter Di sammelt die ausgeworfenen Hülsen der Exekutionskommandos. Wer die inneren Befindlichkeiten Chinas auch atmosphärisch begreifen will, sollte gelegentlich einen Roman lesen.

Tagesgeschäft – Reportagen

Bitte anschnallen

Turbulenzen in der Volkswagenrepublik China

Mobile Welten

Jeden Morgen küsst Richard H. seine Frau und die beiden Kinder, bevor der deutsche Manager das ruhige Wohnviertel in einer Seitenstraße der Huqingping Road in Shanghai verlässt. „Ich komme mir vor wie ein Soldat, der in den Krieg zieht", sagt H. beim Einsteigen in den gewaltigen Jeep, den er dem üblichen Manager-Audi A6 vorgezogen hat. „Mein kleiner Leopard", sagt H. und meint den wendigen deutschen Schützenpanzer. „Mit der Familie habe ich ein besseres Gefühl darin." Obwohl nur etwa zehn Millionen Chinesen ein Auto besitzen, kann man bei annähernd 130 000 Verkehrstoten pro Jahr seine Sorgen nachvollziehen.

Die Angewohnheit der Chinesen, auch bei Dunkelheit ohne Licht zu fahren, gleichgültig ob mit dem Auto oder dem Fahrrad, trägt zu dem russischen Roulette auf der Straße ebenso bei wie der Umstand, dass sich viele Fußgänger gerade nachts mitten auf der Straße am wohlsten fühlen. Mehr als die Hälfte der chinesischen Autofahrer besitzt ihren Führerschein erst ein Jahr lang: Ihre offenbar angeborene Taubheit lässt den ungeschützten Verkehr zum Abenteuer werden. „Das Anschnallen im Auto erinnert mich an das Festzurren des Kinnriemens eines Stahlhelms vor der Schlacht", sagt H., bevor er sich diagonal über die belebte Kreuzung mit der Hupe den Weg bahnt. Fast ein Drittel der Autos, die die Verkehrsarterien der Metropolen an der Ostküste hoffnungslos verstopfen, sind deutschen Ursprungs.

Als der große Vorsitzende der Volkswagen AG im De-

zember 2001 die neuen Produktionsanlagen zur Herstellung des VW Polo in China eröffnete, war die automobile Welt noch überschaubar. Der *Financial Times* gesteht Bernd Pischetsrieder drei Jahre später: „Ehrlich gesagt, war es die völlig falsche Entscheidung, den Polo in China einzuführen."

Viele ausländische Automobilunternehmen sind hartnäckig in Bezug auf den eingeschlagenen Weg – wenige in Bezug auf das Ziel. Über die Zukunft herrscht bei den meisten Unsicherheit. Eigene und fremde Analysen widersprechen sich. Wohin die automobile Reise in China noch gehen und in welcher Klasse man sitzen wird, ist derzeit Gegenstand nicht nur von Managementzweifeln, sondern auch behördlichen Nachdenkens. Die nationale Entwicklungs- und Reformkommission verabschiedete neue Grundsätze für Chinas schnell wachsende Automobilindustrie. *China Daily* bestätigt schon 2004 alle Zweifler. Wie in einem Horoskop heißt es da: „Die neuen Regeln werden die Beschränkungen für ausländische Investoren in der Autoindustrie sowohl lockern wie auch weiter einschränken."

Am Beispiel des Poloflops wird deutlich, wie schwierig es für deutsche Manager ist, Marktentwicklungen in China zu analysieren oder gar vorherzusagen. General Motors greift an und ist im Begriff, drei Milliarden US-Dollars zu investieren. Bis 2007 will GM mit 20 unterschiedlichen Typen seine Kapazitäten auf 1,3 Millionen Fahrzeuge pro Jahr ausweiten. VW plant dann 1,6 Millionen Einheiten. Nissan, Hyundai, Toyota, aber auch Ford und Citroën wollen ihre Stückzahlen in China vervielfachen. Die Planzahlen der Premiumhersteller wie BMW und Mercedes nehmen sich mit etwa 30 000 Autos pro Jahr geradezu bescheiden aus. Dazu kommt der Preiskampf. Und es hat mit Prophetie nichts zu tun, wenn man vorhersagt, dass von den mehr als hundert Automobilherstellern in China in wenigen Jahren wahrscheinlich keine 30 übrig bleiben. Die jüngste globale Prognose von McKinsey sieht nur acht überlebende Hersteller weltweit in 15 Jahren.

Geflitzt und geblitzt

Für Volkswagen sind die guten Zeiten von Santana und Passat buchstäblich abgefahren. Fast drei Viertel ihrer Produktion nahmen staatliche Auftraggeber ab. Innerhalb Jahresfrist sank der Marktanteil der Wolfsburger von einem Drittel auf ein Viertel im Jahr 2004. So haben die beiden schon historischen Erfolgstypen von VW auch eine politische Geschichte, die im Bewusstsein der Chinesen nicht nur angenehme Erinnerungen hinterlassen hat. Viele Jahre lang brachen sich Tausende dieser Limousinen in den Metropolen, aber auch auf den schlechten Straßen im Hinterland rücksichtslos Bahn.

Hinter den schwarz getönten Scheiben ließen sich Kader und Kommunisten chauffieren. Kleine und große Verwaltungsallmächtige fuhren rücksichtslos in die Heerscharen der Radfahrer. Ausländer, zum ersten Mal in China, rissen entsetzt die Hände vors Gesicht, wenn ihr Taxifahrer ohne zu bremsen seinen Santana in die Menschenmenge steuerte. Nirgendwo trat deutlicher zutage als auf Chinas Straßen, was den Kommunisten ein menschliches Individuum wert ist.

Die Sitten sind rau. Neuerdings aber wird geblitzt und aufgeschrieben mit Punktekonto wie in Flensburg. Ein deutscher Geschäftsmann traute im Herbst 2004 seinen Augen nicht, als er im Rückspiegel das klassische Gesicht der neuen E-Klasse heranbrausen sah. Mit Gewitterleuchten auf dem Dach und schrillen Signaltönen überholte der Mercedes. „Gongan" – Polizei – steht in chinesischen und westlichen Schriftzeichen auf den Türen. 75 000 Euro kostet ein Fahrzeug in der Polizeiausstattung. China rüstet sich und arbeitet an seiner Erscheinung für die großen Ereignisse der Zukunft. 2008 finden die Olympischen Spiele, 2010 die Weltausstellung in China statt.

Mit dem sozialen und wirtschaftlichen Aufstieg wollen immer mehr Chinesen Komplettautos mit dem ganzen Jahrmarktsambiente aus diversen Playstations für jede musikalische Vorliebe einschließlich der wummernden „Fat Boys" im Heck. Hinter dem getönten Glas der dicken Buicks und schwarzen S-Klassen räkeln sich chinesische Fahrer vor dem TV-Player. Den ganzen Schnickschnack bietet der Polo nicht. Der Toyota Vios aber ist ziemlich komplett ausgestattet. Wie überhaupt die Japaner keine Nische auslassen und der chinesischen Kundschaft dafür nicht viel mehr Geld abnehmen als VW für seinen Polo. In China kann Volkswagen lernen, was den Golfsburgern in der Heimat noch bevorsteht. Sie werden den Riemen enger schnallen müssen.

Schläge auf den Hinterkopf

Mit Schmunzeln denken Ausländer daran, wie oft sich chinesische Passagiere beim Einsteigen in den Santana den Hirnkasten angestoßen haben. Immer wieder war die Klage von Chinesen zu hören, der Santana sei zu klein, der Einstieg zu niedrig. Es dauerte Jahre, bis der Automobilhersteller dem Einwand nachging und ein Filmteam damit beauftragte, Chinesen beim Einsteigen in den Santana zu filmen. Die Auswertung ergab, was ausländische Beobachter schon immer amüsiert hatte: Das Erste, was ein Chinese durch die Beifahrertür eines Autos steckt, ist sein Kopf. Die Kollision mit der Dachkante ist sogar zu hören. Dann erst lässt er sich mit umständlicher Verrenkung der Wirbelsäule in den Sitz plumpsen. Den Hintern zuerst in die Wagenöffnung zu stecken, halten Chinesen für unhöflich.

Wer keinen Kotau vor einer Autotür machen will und ein bisschen mehr investieren kann, gelangt durch die umgekehrte Pagodenform eines A6 mit der erhabenen Wölbung unverletzt in das Wageninnere. Dort umgibt ihn ein Ambiente aus Leder ohne japanische Holzimitationen, die wie der Lack eines alten Blechspielzeugs wirken. Audi-Luxus made in China verzichtet auf überflüssige Chromapplikationen. Weniger ist mehr. Noch sind etwa ein Drittel der zwei Millionen Neuzulassungen in China deutsche Fabrikate innerhalb einer Quote von insgesamt 90 Prozent ausländischer PKW-Produktion.

Wenn die Wachstumsrate anhält, werden bald vier Millionen neu zugelassener Autos pro Jahr hinzukommen. First Automotive Works (FAW), Dong Feng Motor Corp. und Shanghai Automotive Industry Corp (SAIC), alle mit ausländischen Herstellern in Joint Ventures verbandelt, müssen sich dann gegen die Mehrheitsbestrebungen von Honda, Toyota, Ford und General Motors durchsetzen. Wichtiger als die Mehrheit im Joint Venture ist derzeit noch die Herrschaft der Ausländer über Schlüsseltechnologien und Produkt-Portfolios.

Das Spektrum der Anachronismen ist unendlich. Während im Dezember 2004 Kanzler Schröder gerade rechtzeitig zur Einsegnung eines neuen Mercedeswerkes im Südosten Beijings eintrifft, wird in einer Stadt in Xiamen der brandneu installierte Kreisverkehr wieder rückgebaut. Wochenlang krachte es dort bei den Einfädelungsversuchen der chinesischen Autofahrer, obwohl die lokalen Zeitungen schon Monate vor Eröffnung die Regeln erläutert hatten. Die andauernden Karambolagen lockten täglich Hunderte von neugierigen Anwohnern, die sich an den Crashs in der runden Manege ergötzten. Die Brumm-Brumm-Branche behält hohen Unterhaltungswert.

Dass der Straßenbau im Übrigen in irgendeiner adäquaten Geschwindigkeit mitkommt, ist nicht abzusehen, obwohl allein in den letzten fünf Jahren viele sechsspurige Autobahnen zwischen den Provinzen und den Industriezentren gebaut wurden. Das Verkehrsamt in Peking hat ausrechnen lassen, dass zur Rushhour in den Städten Beijing und Shanghai die Autos eine Durchschnittsgeschwindigkeit von elf Stundenkilometern erreichen. Die Shanghaier Stadtregierung zum Beispiel erhebt für Zulassungen immer höhere Gebühren. Nummernschilder werden in Shanghai versteigert. Personenwagen aus benachbarten Städten und Regionen mit „fremden" Nummernschildern dürfen Shanghais Straßen nur eingeschränkt benutzen. Die legale Zulassung beträgt für einen Mittelklassewagen etwa 35 000 RMB, was mehr als 4000 US-$ entspricht. Mit der Anhebung oder Absenkung der Zulassungsgebühren steuern die Stadtregierungen unmittelbar die Verkehrsdichte und beschränken damit die Vertriebserfolge der Hersteller und Händler. So kommt es, dass trotz der veröffentlichten Verkaufszahlen zu bestimmten Zeiten auch Zigtausende von Neufahrzeugen auf Halde zu bestaunen sind.

Auf dem Regalbrett über dem Fernseher der Familie Qing stehen zwei gerahmte Fotografien nebeneinander. Das linke Bild zeigt Mr. Qing als Jugendlichen mit der roten Mao-Bibel in der Hand. Auf dem rechten winkt er mit dem soeben erworbenen Führerschein. Die chinesische Regierung versucht, dem Tempo der Mobilisierung mit angemessener Gesetzgebung beizukommen, um ihre erfolgreiche Philosophie des „Local Content" nicht ausbremsen zu lassen. Sie hat es nicht einfach bei dem Versuch, die eigene Autoindustrie zu schützen und dabei nicht ihre Verpflichtungen nach dem Beitritt zur WTO zu verletzen.

Stillstand ist Rückschritt

Der Industriezweig Automobil ist vollkommen überhitzt. *China Daily* prognostiziert im Juni 2004 Gesamtinvestitionen von fast 30 Milliarden US Dollars in den nächsten drei Jahren im Automobilbereich. Die neuen Gesetze aus 2004 erlauben ausländischen Herstellern Beteiligungen an Joint Ventures von mehr als 50 Prozent unter der Voraussetzung, dass diese Joint Ventures in so genannten „Export Processing Zones" eingerichtet werden. Bedingung dieser Regelung ist es, die dort produzierten Fahrzeuge zu exportieren. „Jedes Auto, das in China gebaut wird, um exportiert zu werden, ist ein gutes Auto", sagen die Leute bei Dongfeng Motor Corporation.

Aber nicht alle Autos verstopfen die Straßen. In den alten Stadtteilen Shanghais stehen mancher Mercedes 600 oder Ferrari die meiste Zeit in dunklen Seitengassen oder im Hinterhof. „Ich will ihn nur haben. Der ist noch aus der Ära des Reichwerdens. Gelobt sei Deng Xiaoping", sagen die chinesischen Besitzer und leeren ab und zu die Aschenbecher.

Eine Ecke weiter hat es geknallt. Der riesige Isuzu Trooper eines Ausländers hat einen Radfahrer mit gewaltigen Gepäckaufbauten auf seinem Hinterrad erwischt. Kartons und Inhalt verteilen sich über die Kreuzung. In Sekunden sammelt sich eine Menschenmenge und lamentiert. Dem Chinesen ist nichts Ernsthaftes passiert. Ein herbeigeeilter Polizist beschimpft seinen Landsmann, stößt einige der Pappschachteln mit dem Fuß vor sich her und winkt mit großzügiger Geste den Ausländer durch: Weiterfahren! Wenige Tage später kracht es wieder auf dieser Kreuzung. Auffahrunfall. Dem von hinten getroffenen Daihatsu Cuore fliegen mit einem Knall beide Türen auf die Straße. Der geschädigte Fahrer lamentiert. Nach kurzer Prüfung erfolgt die Rechtsprechung noch vor Ort. Der Polizist knöpft sich den Verursacher vor, weist auf die linke Türe und sagt

„Zweihundert". Dann zeigt er auf die rechte Tür und sagt auch „Zweihundert". Gemeint sind Renmimbi, also über den Daumen 40 Euro zusammen. Unter Protest versucht der Daihatsu-Fahrer, seine Türen irgendwie zu verstauen. „Weiterfahren" lautet das Kommando. Kaum einer der Verkehrspolizisten hat einen Führerschein. Die wichtigste Verkehrsregel, die er kennt, heißt Weiterfahren. Der Weg muss frei sein.

„Weiterfahren" heißt auch die Devise für Chinas automobile Zukunft. Nur noch wenige Exemplare vom Typ „Rote Fahne" beweisen, dass China auch eine eigene motorisierte Vergangenheit hat. Die schwarzen Kaderkutschen erinnern an die technopolitische Unterstützung durch die Sowjetunion vor 50 Jahren. Hinter den schmuddeligen Vorhängen der hinteren Seitenfenster glaubt man noch Stalins Schnurrbart und Schirmmütze zu erkennen. Den „Phoenix" sieht man kaum noch, der als Nachbau des Mercedes 180 eine kurze Zeit hatte. Selbst der „Xiali", als chinesischer Trabbi berühmt, ist vom Aussterben bedroht. Noch stellt FAW, Chinas Autobauer Nr. 1 aus der Provinz Jilin, etwa 20 000 Exemplare ihrer Hausmarke „Red Flag" im Jahr her. Das ist bei einer Gesamtproduktion von 900 000 Fahrzeugen aus dem Hause FAW weit weniger als die 140 000 Jettas mit dem VW-Emblem, die auch in Jilin verladen werden.

Für die Zukunft suchen alle nach der Eier legenden Wollmilchsau mit vier Rädern. Auf den Reißbrettern der Joint Ventures entsteht manch automobiler Wolpertinger. Was wollen die Chinesen? fragt sich die internationale Automobilindustrie. Womit wollen sie 2010 zur Weltausstellung in Shanghai fahren? Und auf welchen Straßen? Mit Stufenheck oder Fließheck? Vor allem die letzte Frage bewegt die Chinesen.

Weltweit beträgt die PKW-Dichte auf 1000 Einwohner knapp 35 Autos. Auf tausend Chinesen kommen aber nur acht mobile Untersätze mit vier Rädern. Denn weltweit melden Hersteller und Händler sinkende Verkaufszahlen. Von den 60 Millionen Kraftfahrzeugen einschließlich der LKWs, die pro Jahr die Fabriken dieser Welt verlassen, sind Millionen von Arbeitsplätzen nicht nur in den Automobilfabriken abhängig. Fast die Hälfte der weltweiten Ölproduktion unterliegt dem Stoffwechsel der Verbrennungsmotoren. Individueller Mobilität fällt die Hälfte der globalen Gummiproduktion zum Opfer, die sich auf unzähligen Straßenkilometern in ihre Partikel zerlegt: Feinstaub. 15 Prozent der Weltstahl- und ein Viertel der Glasproduktion verschwinden in unseren Lebens-Gefährten, den wir alle paar Jahre wechseln.

Altes neu erfinden, um zu überleben

Die Herren in Detroit und Wolfsburg blicken gebannt auf eine Veränderung im Bewusstsein der Märkte. Sie liefern sich Rabattschlachten, in deren Gefolge auch gleich die Preise im Gebrauchtwagenmarkt purzeln. Die Bereitschaft, ein Neufahrzeug zu kaufen, sinkt erneut. Ihre japanischen Kollegen heizen den Preiskampf noch an. Schließlich bringt Toyota mit dem „Prius" das erste verkehrstaugliche Hybridfahrzeug auf den Markt, das ausgerechnet in den Vereinigten Staaten auf den gepflegten Auffahrten der Suburbs vor den Häusern der Filmstars steht. Dort wird es sogleich von Fotografen der PR-Agenturen von Toyota entdeckt. Harrison Ford und seine Kollegen sonnen sich in sozialverträglichem Umweltbewusstsein. Toyota hat einen genialen Marketingcoup gelandet, während die Europäer Feinstaub-Richtlinien erlassen.

In einer umfangreichen Studie beschäftigt sich der *ECONOMIST* mit der Frage aller Fragen, wer unter den Automobilherstellern überhaupt noch Geld verdient. „Wer schafft Wert?", fragt das Wirtschaftsblatt und listet die Unternehmen auf, die mittel- oder unmittelbar von Subventionen ihrer nationalen Regierungen abhängig sind. *Goldman Sachs* zieht eine Trennlinie zwischen Wertvernichtung und Wertschöpfung und trennt GM, Chrysler, Fiat und Renault auf der negativen Seite von den aus eigener wirtschaftlicher Kraft existierenden Unternehmen. Mercedes und BMW, Die Japaner liegen nur knapp mit einem Bein im Wertschöpfungsbereich. Toyota ist dabei der auffällige Ausreißer hoch in die Gewinnzone. Uneinholbar bleibt auf der Seite der Wertschöpfung das deutsche Unternehmen Porsche, das in China bereits 3000 Autos im Jahr verkauft, davon 1000 Cayennes. Nur „VW steuert in China auf ein absolutes Debakel zu“, titelt *Die WELT* im April 2005 und zitiert eine Recherche von Goldmann Sachs: Von fast 30 Prozent Marktanteil der Jahre bis 2004 werden für VW kaum 15 Prozent übrig bleiben.

Inzwischen macht Renault von sich reden. Erschreckt erfahren die Chinesen vom Produktionsbeginn des „Dacia Logan“, dessen Verkaufspreis unter die magische Grenze von 5000 Euro gedrückt werden soll. Im rumänischen Pitesti produziert Renault mit etwa 10 000 Mitarbeitern das Billigblechle ohne den Einsatz von Robotern. „Simpel, aber nicht minderwertig“ beschreibt *DER SPIEGEL* den „Kleinwagen mit ordentlich gepolsterten Sitzen und einem Kofferraum, der mit 510 Liter Fassungsvermögen mehr Gepäck aufnimmt als manches Luxusauto.“ Zu Lohnkosten von weit unter einem Euro pro Stunde zeigen rumänische Arbeiter den Chinesen, dass es auch in Europa noch Spielraum nach unten gibt.

„Die alten Automobilhersteller müssen sich neu erfinden, um profitabel zu werden. Marktanteile ohne Profit genügen nicht“, schreibt der *ECONOMIST.* „Andernfalls werden beweglichere Wettbewerber die Vorteile aus der technologischen Veränderung ziehen“ und den Job der alten Saurier übernehmen. Die Automobilindustrie als Mutter aller Industrien steht vor gigantischen Veränderungen, die alle begleitenden industriellen Bereiche weltweit betreffen wird. Es gibt Anzeichen, dass China der Markt sein könnte, wo der Wettbewerb um neue Ideen „green and clean“ ausgetragen wird. Toyota baut das saubere Hybridfahrzeug zusammen mit FAW in Changchun. McKinsey sieht jetzt bereits viele Unternehmen des alten Schlages mit einem Bein im „Bankrott“ stehen. Bob Lutz, der Grandseigneur der Automobilwelt, rät gar vor dem Hintergrund der bevorstehenden automobilen Revolution: „Besser man hält sich noch ein Motorrad in der Garage.“

250 cm³ für vier Personen

Dies ist das vorletzte Stichwort für unseren kleinen Ausflug in die Welt der bewegten und bewegenden Verbrennungsmotoren. Die Heimat der chinesischen Motorradindustrie liegt in der größten Stadt der Welt, besser: in der bevölkerungsreichsten. Chongqing hat derzeit etwa 32 Millionen Einwohner. Viele davon fahren ein Motorrad der Marke „Zongshen“. Erst 1992 gründete der Motorradschlosser Zuo Zongshen, der seine Ausbildung in einer der 200 chinesischen Motorradfabriken abgeschlossen hatte, seine eigene Fabrik. Heute baut er mehr als eine Million Motorräder und Motorroller pro Jahr in China. Weitere zwei Millionen Motoren liefert er für Quads und Rasenmäher. Chinesische Gesetze verbieten einen Hubraum von mehr als 250 ccm. Das hält den Verbrauch in Grenzen und reicht auf dem Land allemal für den Transport von vier Personen. Das Kleinste vorn auf dem Tank bekommt den Fahrtwind ab und wärmt dem Vater den Bauch. Dann kommt das Sandwichkind und fast auf dem Nummernschild teilen sich Mutter und Gepäck die letzte Handbreit Sitzpolster. Die robusten Zongshen-Maschinen gehen auch nach Polen und Tschechien in den Export.

Die Träume von Zuo reflektieren aber auf Deutschland, Frankreich, England und Italien. In den Ländern der schweren BMWs, Harleys, Laverdas und Kawasakis peilen die Marketingleute nicht nur die scharf kalkulierenden Zielgruppen an. Die stabilen Zongshen-Viertakter mit elektronischer Zündung stehen bereits bei Zweirad-Röth im hessi-

schen Hammelbach. Martin Röth hatte vor Jahren Suzuki-Motorräder in Deutschland eingeführt und erfolgreich platziert. Der Marketingchef einer großen deutschen Agentur geriet angesichts der 250er Zongshen ins Schwärmen. Diese ackerfeste Mischung aus Horex, Zündapp, Triumph und NSU wärmt Erinnerungen an vergangene Zeiten auf und könnte eine nostalgische Renaissance bei den in die Jahre gekommenen Achtundsechzigern auslösen. „Früher sind die ja mit der Mao-Bibel rumgerannt", erinnert der Manager, „nun ist die Zongshen ein super Motorrad für linke Weltverbesserer, die dem Sozialismus nachtrauern, aber den Zweitakt-Gestank nicht mehr ertragen wollen."

Technikbesessene europäische Biker gingen auf der Intermot in München ganz schön in die Knie, um die Raffinessen der Zongshen-Exponate zu begutachten. Zwei-Kolben-Scheibenbremsen, Einarmschwingen aus Alurohr, Viertaktmotoren und gegossene Alufelgen konnten sich sehen lassen. Etwa 2000 Euro werden für einen Roller, 2500 Euro für eine 250-ccm-Maschine in Deutschland fällig. Selbst die für Europa geplante 400-ccm-Ausführung wird den Wettbewerb um mehr als ein Drittel an Preisvorteil hinter sich lassen. Auch wenn man sich beim Aufsteigen aufs Motorrad nicht den Kopf stoßen kann, die Preise von Zongshen wirken wie Schläge auf den Hinterkopf.

Kein Ende mit Punkt

Als wenn es nicht schmerzhaft genug wäre, dass der Transrapid in Shanghai fährt, statt die Städte Amsterdam, Hamburg, Berlin und Warschau zu verbinden, es kommt noch schlimmer. Während noch einige Unentwegte in Neuenfelde bei Hamburg zu St. Pankrazius beten, um den großen Airbus zu verhindern, verhandeln Chinesen über den Einsatz des A 380, der mit jedem Flug 500 Gäste zur Olympiade 2008 nach Peking bringen soll. Zur Weltausstellung 2010 in Shanghai wird der Gigant der Lüfte dann schon ein vertrautes Bild am chinesischen Himmel darstellen.

„Airbus will chinesische Unternehmen erstmals sowohl am Bau als auch an der Entwicklung seines neuen Langstreckenflugzeuges A 350 beteiligen", schreibt *DIE WELT* und zitiert den deutschen Airbus-Chef Gustav Humbert: „Wir wollen mindestens fünf Prozent der Teile der neuen Maschine in China herstellen lassen." Der Zaunpfahl, mit dem die Airbus-Investoren 2005 in Richtung Hamburg winken, wird immer länger. Er wirkt wie ein Hebel, der die Behäbig- und Gemächlichkeit deutscher Bedenkenträger aus ihren erstarrten Positionen bricht. Bedenkzeiten werden nicht mehr gewährt. Wir oder China, sein oder nicht sein, das ist dann die Frage.

Volkswagen stellt heute mehr Autos in China her als in der Bundesrepublik. Fachleute schätzen den chinesischen Bedarf an Passagierjets in den nächsten zwei Jahrzehnten auf weit über 2000 Stück. Wer wird sie bauen? Da kann jeder seine Wahrheit in den Fakten suchen. Die gewerkschaftlichen Gebetsmühlen „Wir sind Exportweltmeister" verschweigen, dass diese Meisterschaft auch im Export Hunderttausender von Arbeitsplätzen besteht. Und: Dass die Vorfertigungstiefe der aus Deutschland exportierten Produkte bei 60 Prozent liegt, – und davon bestimmt die Hälfte aus China kommt.

Der deutschen Diskussion um Abschaffung des 3. Oktober steht in China die Neueinführung von Feiertagen gegenüber, um den Konsum anzukurbeln. Denn Chinesen legen etwa 40 Prozent ihres Nettoeinkommens auf die hohe Kante und haben vor lauter Arbeit keine Zeit, das Geld auszugeben. Die Fortsetzung der Automobilgeschichte in China wird nicht ohne Sinopec und die China National Petroleum Corporation (CNPC) geschrieben. Insider schätzen, dass Sinopec etwa eine Million Mitarbeiter beschäftigt. *Fortune* berichtet sogar von über 1,5 Millionen Mitarbeitern bei CNPC. Fast völlig isoliert leben sie in abgeschlossenen Urbanisationen. So erfährt die Welt nicht, für welche Theorien Chinas Führer Ressourcen verwenden oder verschwenden. Öl ist ein ganz besonderer Saft in den Arterien des Reiches. Kollabiert Chinas Energiekreislauf, ereilt das Land der mobile und wirtschaftliche Exitus.

China auf der Überholspur?

Besuch einer Model Unit in Shanghai

„Coffee or tea, Sir?“, fragt der Kellner, der nur eine Kanne trägt, und gießt, ohne eine Antwort abzuwarten, die Tasse voll. Die angebotene Alternative ist wie vieles in China eine Option im Vakuum. Läuft er aber an einer leeren Tasse dreimal vorbei und man holt sich den Kaffee selbst, dann eilt er diensteifrig herbei und begießt nun die volle Tasse bis zum Überlaufen. Die untere Dienstleistungsebene tut vieles mechanistisch. Ohne Sinn und Verstand. Der Zweck einer Sache erschließt sich ihr nicht. Dabei lächeln sie und lächeln sie. Die in vielen Wirtschaftszeitungen immer wieder geäußerte Vermutung, China werde in 15 Jahren die USA wirtschaftlich überholt haben, kommentiert ein deutscher Berater, der schon lange in der Volksrepublik arbeitet, auf seine Weise: „Das hat ungefähr so viel Wahrheitsgehalt wie die Behauptung, die DDR sei die viertstärkste Wirtschaftsmacht der Welt gewesen.“

Zhou Jian Jun ist sein Partner und mit gerade 40 Jahren ein Mann von auffallenden Talenten. Sein Deutsch hat er an der Tongji-Universität in Shanghai gelernt. Gern garniert er seine druckreifen Sätze mit ein paar idiomatischen Schmankerln, die seine Zuhörer in Erstaunen versetzen. Die Vorgespräche zweier Vorstände im Rahmen einer geplanten Kooperation nennt er ein „Fisternöllchen“. Und wer in seiner Nähe zu ausschweifend vorträgt, wird von Zhou auch mal als „Schwaadlappen“ abgekanzelt. Überhaupt hat er ein Stück rheinische Frohnatur adaptiert. Das fördert die Vermittlung von Zwischentönen, wenn er bei deutsch-chinesischen Verhandlungen den Moderator geben muss. „China“, sagt er, „ist Ordnung und Unordnung. Dazwischen machen wir unsere Geschäfte. Wenn wir nur noch Ordnung haben, machen wir keine Geschäfte mehr.“

Der Output der chinesischen Universitäten an Fremdsprachenabsolventen ist beeindruckend. Die Qualität auch. An die 30 Chinesinnen und Chinesen, alle englisch oder deutsch sprechend, arbeiten in dem Consultingunternehmen, das 1984 in Nanjing gegründet wurde und heute seinen Sitz in Shanghai hat. Auf der Kundenliste stehen Unternehmen wie Messe Frankfurt, Siemens, DaimlerChrysler, Kreditanstalt für Wiederaufbau KfW, Vaillant, Linde, Vorwerk und viele mehr. Das Tagesgeschäft besteht aus der Vorbereitung und dem Abschluss von Joint Ventures zwischen ausländischen Investoren und chinesischen Unternehmen. Joint Venture bedeutet, jeder bringt etwas ein in das gemeinsame Geschäft. Die Chinesen übersetzen das gern auf ihre Art: Wir haben die Menschen, und ihr baut die Fabrik.

Gerade wird eine akribische Marktuntersuchung für den VDA (Verband Deutscher Automobilindustrie) durchgeführt. Zertifizierung ist ein großes Thema, dessen sich besonders der TÜV-Rheinland in China angenommen hat. Mit Übernahme der verschiedenen ISO-Standards 9000, 1400 oder ISO TS 16949 erfüllen die Unternehmen den Zertifizierungsstandard, ohne den sie als Lieferanten z.B. der Automobilindustrie nicht zum Zug kämen. Die gilt auch für chinesische Zulieferer.

Seit 1984 haben Zhou und sein deutscher Partner im Bereich der Automobilindustrie etliche Joint Ventures für Automobilzulieferer in China zustande gebracht. Vor einiger Zeit hat ihr Unternehmen CMC/HUADE Consulting Ltd. eine der begehrten Import- und Exportlizenzen erhalten, die selten vergeben werden. Grund dafür könnte die Ehrung durch die Stadt Shanghai sein, die dem Unternehmen eine Urkunde als vorbildliche „Model Unit“ ausgestellt hat. Das neue Geschäftsfeld wird von Zhou bearbeitet, der gern die Weisheit bestätigt, dass „auf dem Handel der Segen ruht“.

Für die Hemdsärmeligkeit, mit der Geschäftsführer Lao Hung gelegentlich auch in fremden Revieren wildert, ist die folgende Geschichte beispielhaft: CMC/HUADE Ltd. soll im Auftrag eines Weltkonzerns eine Revision bei dessen chinesischer Niederlassung durchführen. Zhou will ablehnen. „Revision ist nicht unsere Sache“, sagt er. „Wir haben unseren Ruf von Vertriebserfolgen und Marketing. Von Revision verstehen wir zu wenig.“ Hung sieht das anders. „Es ist immer das erste Mal“, sagt er. „Wir haben Hunderte von Unternehmen in China durchleuchtet, bevor Joint Ventures unterschrieben wurden. Fast ebenso viele Audits haben wir durchgeführt.“ Einige Wochen später sind sie unterwegs. Das chinesische Unternehmen, dem sie ins Haus stehen, hat 800 Mitarbeiter. Als die beiden an einem Kiosk in der Stadt, wo das Unternehmen seinen Sitz hat, eine Cola kaufen wollen, fragt die Verkäuferin: „Sind Sie von der Revision?“ So weit ist das also schon rum.

Am nächsten Morgen geht's los. Zunächst stellen Zhou und Hung fest, dass keiner einen Taschenrechner bei sich hat. Schöne Revisionäre. General Manager und Abteilungsleiter, alle Chinesen, haben sich zur Begrüßung versammelt. Die Stimmung ist verhalten. Die Bücher sind vorbereitet. Zu aller Erstaunen sagt Hung, „wir wollen erst mal einen Blick in die Kantine werfen“. Unverständnis auf der chinesischen Seite. Vorsichtige Einwände. Kopfschütteln. „Danke“, sagt Hung, wir kommen allein zurecht, als ihn der ganze Tross begleiten will. Während die da oben den Mund nicht mehr zukriegen, reden die Revisionäre mit dem völlig überraschten Küchenchef. Lassen sich die Listen der Verbrauchsgüter zeigen. „Sojasauce“, sagt Hung nach einer Weile. „Sieh mal hier, die haben 800 Leute satt zu machen und verbrauchen mehr als 600 Kanister Sojasauce pro Monat. 600 mal 5 Liter durch 800 Köpfe und 20 Arbeitstage, das macht 0,2 Liter Sojasauce pro Tag und Kopf, ein Kölschglas voll.“

Der Küchenchef wird blass. Wo ist die Sauce geblieben? Er holt noch einen heran. Und noch einen. Sieben Chinesen stehen um den Tisch herum. Sie wissen, dass sie rausfliegen, wenn das ruchbar wird. Also macht man einen Deal – die chinesische Variante des Überlebens. Zhou erklärt ihnen, dass sie straffrei ausgehen, wenn sie ihm die Arbeit ersparen und alle Schweinereien sofort aufdecken. Ein Wortgewirr erhebt sich, Finger zeigen aufeinander, rote Köpfe, also: beim Reis wurde gepfuscht, bei den Sojasprossen, beim Schweinefleisch, eigentlich bei allem.

Und dann bricht das Geschwür der Korruption erst richtig auf, als die Ertappten das tun, was wohl den meisten Menschen einfällt, wenn sie mit dem Rücken an der Wand stehen. Sie erzählen, dass die da oben noch ganz andere Sachen machen. Was für Sachen? Ja, das und das. Die Revisionäre schreiben mit. Am nächsten Tag stecken Zhou und Hung die Finger in die richtigen Wunden, streuen Salz dazu und bekommen Geständnisse. Vier Tage lang. Die Buchprüfung wird abgeschlossen. Der technische Leiter unterschreibt. Der Chief Executive Officer blickt versteinert. Wäre er Japaner, einer von der alten Sorte, müsste er sich auf der Stelle ins Schwert stürzen. Es geht dennoch glimpflich aus. Hinrichtungen in der Produktion sind kontraproduktiv. Die Fabrik muss laufen. Ordnung und Unordnung eben. Das Ergebnis einer Revision ohne Taschenrechner wird sehr gelobt und bezahlt. Lao Hung hat Recht behalten.

Glauben Sie, Herr Zhou, frage ich am Ende der beiden Wochen, die ich ihn und Hungerbach begleiten durfte, dass China den Westen in 15 Jahren überholen wird? „Nein", antwortet er, „wir können in China noch ein bisschen mehr Ordnung verkraften. Ihnen in Deutschland würde ein bisschen mehr Unordnung gut tun. Ordnung und Unordnung aber müssen im Gleichgewicht sein. Denn ein altes chinesisches Sprichwort sagt: Zu viel Gesundheit kann auch Krankheit sein."

Nur ein Aufstand

Chronologie einer chinesischen Erpressung

„Nur unter den Augen des Herrn gedeihen die Schafe."
(Altes Testament)

Aufruhr und Aufstand legten 1851 das öffentliche Lebens eines Districts in Illinois lahm. Bürgermeister und Sheriff wurden nicht mehr Herr der Schießereien und Plünderer. Sie kabelten an den Gouverneur um schnelle Entsendung von Truppen. Der versprach, mit dem nächsten Zug wirksame Hilfe zu schicken. Hoffnungsvoll erwartete mit dem Sheriff eine Abordnung aufrechter Bürger das Truppenkontingent des Gouverneurs. Als der Zug eintraf, entstieg ihm ein Marshal des US-Staates und setzte seine Koffer auf den Bahnsteig. Er war der einzige Reisende, der den unruhigen Boden betrat. Entsetzt blickten sich die Umstehenden an: „Nur ein einziger Marshal?", stöhnten sie. „Ihr habt doch auch nur einen einzigen Aufstand gemeldet", antwortete der Vertreter des Gesetzes und schnallte seinen Colt fester.

Das waren noch Zeiten. Eine Autostunde westlich von Shanghai musste den Aufständischen im November 2004 schon mehr entgegengesetzt werden als ein Marshal aus Illinois. Sonst wäre ein deutscher Unternehmer auf kaltem Wege enteignet worden. Sein chinesischer General Manager, mit zehn Prozent am Erfolg des rein deutschen Unternehmens (WFOE) beteiligt, versuchte den Durchmarsch. Der von den fast 900 Mitarbeitern als „Napoleon" titulierte GM hatte sich über sieben Jahre lang ein Geflecht aus Abhängigkeiten, Angst, Redeverboten und abenteuerlichen

Versprechungen geschaffen. Sein Spitzname schien nicht nur seiner körperlichen Größe wegen angemessen.

Dies war möglich, da der Eigentümer sich um die weltweiten Handelsgeschäfte kümmerte und sich nur selten in der Produktionsstätte seiner Unternehmungen sehen lassen konnte. Der GM hatte erheblichen Anteil an der erfolgreichen Entwicklung des Unternehmens. Es darf nicht verschwiegen werden, dass sein Einfallsreichtum und Machtstreben aus der Fabrik seit 1997 eine hochmoderne und leistungsfähige Industrieeinheit machten. Dafür bekam er eine Entlohnung zuzüglich der Beteiligung an einem Bonussystem, um die ihn westliche Manager beneideten.

Doch der Reihe nach. Als der Eigentümer im November 2004 sein Unternehmen bei Shanghai besucht, gesteht ihm sein GM eine gewisse Amtsmüdigkeit, die wohl auch mit seinem allzu satten Finanzpolster zu tun hat, auf das er sich gern mal für ein paar Jahre zurückfallen lassen möchte. Man einigt sich auf Trennung und Auszahlung seiner Gewinnanteile im kommenden Jahr. Kurz danach muss Napoleon von einer Kette von Kurzschlüssen befallen worden sein. Er macht den Abteilungsleitern Versprechungen über ein paar Millionen RMB, zu denen ihn sein Vertrag nicht berechtigt, und fordert zugleich für sich selbst Auszahlungen in astronomischer Höhe. Ihm wird klar, dass seine Unterschrift unter dem Auflösungsvertrag auch seine Machtpositionen im Ort erschüttert. Überdies widerlegt sein Ausstieg den von ihm stets geförderten Anschein, er sei der Chef des Unternehmens, er allein.

Der erste Kriegstag beginnt. Er droht der Belegschaft, über die er auch außerhalb der Werkstore in dem gemeinsamen Wohngebiet Macht ausübt, sich ihm zu unterwerfen, und schließt das Betriebsgelände. Er hindert die vom Eigentümer herbeigerufenen Zeugen, das Werksgelände zu verlassen, und fordert von dem deutschen Unternehmer unter Bedrohung mit einer Pistole, die Vereinbarung seines Abschieds rückgängig zu machen. Der lehnt ab. Daraufhin stellt der GM Forderungen in Höhe mehrerer Millionen Euro und schickt alle Arbeiter nach Hause, die gewohnt sind, ihm aus Angst blind zu gehorchen. Noch schlimmer: Er ruft die wichtigsten Lieferanten an und teilt ihnen mit, sein Unternehmen sei zahlungsunfähig, worauf diese ihre produktiven Zeitfenster für das deutsche Unternehmer dicht machen und alle Aufträge stornieren. Am schlimmsten: Der GM ruft die internationalen Kunden an, die Firma sei bankrott und nicht mehr lieferfähig. Am allerschlimmsten: Er entführt die wesentlichen Identifikationsstempel des Betriebes. Damit ist in China ein Unternehmen seiner Seele beraubt. Es kann sich für nichts mehr legitimieren.

Zweiter Tag. Der deutsche Eigentümer sieht sich als einziger Ausländer allein der feindlichen Situation ausgesetzt und engagiert über sein Mobiltelefon (da ihm der Zugang zu seinem Büro versperrt ist) ein in Shanghai ansässiges deutsches Beratungsunternehmen, von dessen großer Erfahrung mit den Untiefen des Chinageschäftes er gehört hatte. Er braucht jetzt einen Lotsen. Drei Stunden später marschieren Berater und sein Anwalt für alle Fälle mit einer Sicherheitstruppe von einem Dutzend Männern in Kampfanzügen und Stahlhelmen auf, setzen den Pförtner fest und öffnen das Werkstor. Mit einer Tasche voll Bargeld hatten der Chinaexperte und sein Anwalt den paramilitärischen Verband aus Shanghai rekrutiert und in Bestzeit zum Brennpunkt expedieren lassen.

Inzwischen stehen auch der örtliche Polizeichef mit seinen Leuten, der Bürgermeister des Ortes sowie eine Abordnung der Partei in der Auffahrt des Geländes. Die 900 Mitarbeiter haben die Werkshallen verlassen und verweigern die Arbeit. Der randalierende General Manager wird von der Polizei in Gewahrsam genommen. Die elf leitenden Mitarbeiter, einige mit Gehältern weit oberhalb 500 000 RMB, also etwa 50 000 Euro pro Jahr, haben den Braten gerochen, der ihnen jetzt an der Nase vorbeizugehen scheint. Sie verweigern dem Eigentümer die Kooperation, wenn nicht das

Versprechen des festgenommenen GM an sie augenblicklich eingelöst werde. Das heißt, sie wollen die etwa 1,5 Millionen Euro sofort unter sich aufteilen.

Dritter Tag. Mittlerweile stellt sich heraus, dass im Ort die Anwohner der Behauptung des GM Glauben geschenkt haben, es handele sich bei dem großen Unternehmen um dessen eigene Firma. Über Jahre vermehrte diese Fehleinschätzung sein Ansehen und seinen Einfluss in „seiner" Stadt. Mit dem drohenden Gesichtsverlust droht dem GM nun das Allerschlimmste, was seine weiteren Handlungen vollkommen unvorhersehbar werden lässt. In der Fabrik arbeitet trotz der Aufrufe durch die örtlichen Behörden immer noch kein Mensch. Zu groß ist die Furcht vor dem GM. Wenn er am Ende doch der wirkliche Inhaber ist? Diese Unsicherheit hindert die Belegschaft aber nicht daran, morgens zur Frühstückszeit vor dem Werkstor zu erscheinen und Einlass in die Kantine zu verlangen. Essen wollen sie. Zwei warme Mahlzeiten sind Bestandteil ihres Vertrages.

Vierter Tag. Vorrangiges Ziel des deutschen Unternehmers ist es, die Produktion wieder aufzunehmen. Der Berater hat zwischenzeitig einen Interims-General besorgt, einen Deutschen mit langer Management-Erfahrung in China, der ab sofort den ausgeschlossenen chinesischen GM ersetzen soll. Er spricht sogar chinesisch. Die Belegschaft erscheint nicht. Sie hat strikte Anweisungen der elf Abteilungsleiter, die zunächst für sich selbst die Gunst der Stunde nutzen wollen. Wo ein Aas ist, sammeln sich die Geier.

Clausewitz und die Didaktik

Die erste Verhandlung findet in eisiger Atmosphäre statt. Der Elferrat erfüllt mit seinen Forderungen den Tatbestand der Erpressung. Er will das versprochene Geld, und das sofort und im Übrigen ab jetzt auch jährlich, ansonsten tritt er geschlossen zurück. Die Leute haben begriffen, wo die schwache Stelle des Eigentümers ist. So schnell sind sie nicht

ersetzbar. Die Verhandlungsorte wechseln vom Konferenzsaal des Hauptgebäudes zu den Besprechungsräumen des Betriebsrates und wieder zurück. Delegationsgruppen werden gebildet. Der Anwalt des beratenden Unternehmens erweist sich als geschickter Stratege. Dem Dolmetscher hängt am vierten Abend die Zunge in Fransen.

Den fünften Tag kann man in der Chronologie des Geschehens auch den „Tag des deutschen Unternehmers" nennen. Der Eigentümer reißt die Zügel an sich. In einer einmaligen Mischung aus der Klugheit eines Clausewitz und der Didaktik eines Grundschullehrers weicht er die Front des Elferrates langsam auf. Ihm kommt zugute, dass er in den Übersetzungspausen Zeit gewinnt, seine innere Anspannung zu zügeln und die nächsten Worte behutsam abzuwägen. Er entschuldigt sich, dass er viele Entwicklungen im Unternehmen nicht gesehen und ihre Bedeutung falsch eingeschätzt habe. Die Elf bleiben zunächst versteinert, stellen ein paar Bedingungen, geben in einigen Punkten nach.

Am Ende bleiben zwei ungelöste Punkte: Frau Chang muss weg, und zweitens bestehen sie auf der versprochenen Zahlung. Der Unternehmer testet den Kompromiss. Auf seine erfahrene Exportleiterin Frau Chang kann er auf keinen Fall verzichten. Also: Frau Chang muss bleiben. Dafür könne man einer Zahlung von der Hälfte der geforderten Summe näher treten, aber erst zum chinesischen Neujahr 2005. Dann ist die Firma im achten Jahr ihres Bestehens. Die Acht ist eine Glückszahl für Chinesen. Und von dieser Hälfte aber müsse wiederum die Hälfte an die gesamte Belegschaft verteilt werden. Der Einfluss der Geschäftsführung auf die Infanterie, die schließlich die Arbeit macht, soll zurückerobert werden.

Der Elferrat lehnt erneut ab. Aber wieder kommt man sich durch die Gespräche ein wenig näher, nachdem der neue GM sich des Chinesischen mächtig erweist und eine freundliche Ansprache hält. Zum ersten Mal seit Tagen so etwas wie ein Lächeln. Zwei Forderungen bleiben im Raum: Frau Chang muss weg, und die Hälfte von der Hälfte ist unzumutbar. Immerhin spricht man schon über Hälften. Es geht den ganzen Tag hin und her. Immer bleiben zwei Punkte übrig. Frau Chang muss weg und wie viel Geld wer bekommt und nach welchem Schlüssel.

Es wird noch einmal ernst, als der Eigentümer von Frau Chang nicht lassen will und die Abhängigkeit des Unternehmens und damit aller Arbeitsplätze vom Export erläutert. Das hilft nicht. Wenn Frau Chang bleibt, treten alle mit oder ohne Geld geschlossen zurück. Das Geheimnis um Frau Chang vermögen weder Unternehmer, Berater, Anwalt noch der Chronist zu lüften. Es befindet sich in einem chinesischen Zwischenboden, über und unter dem alles wahrnehmbar und real ist. In diesem dunklen Fach aber agieren Kräfte, die sich Ausländern nicht erschließen. Frau Chang wird nicht wieder eingestellt. Sieg des Kollektivs. Bleiben noch zwei Punkte.

Zwei? Die Geldfrage ist doch so gut wie geregelt. Und

Frau Chang ist weg. Bleibt aber noch die Securitate am Werkstor in ihrem martialischen Outfit. Die müssen auch weg. Man will nicht unter militärischer Bewachung arbeiten, so die elf Einträchtigen der Werksführung. Erneute Verhandlungen. Der Unternehmer kämpft um Verständnis, dass sein Vertrauen in eine dauerhafte Ordnung innerhalb des Unternehmens gestört sei. Die Sicherheitsleute dienten nur, wie der Name schon sagt, der Sicherheit aller Beteiligten. Nach dem, was vorgefallen sei, dürfe das niemanden wundern. Nein, die Nachbarn im Ort reden schon von einem Gefängnis. Der Gesichtsverlust ist zu groß. Und Geld sofort. Nicht erst zum Neujahr.

Die Stunde des Anwalts. Er mustert seine Garde, die dort immer noch in Reih und Glied steht, sechs auf dieser, sechs auf der anderen Seite des Werkstores, und braust in die Stadt. In einer Stunde ist er zurück mit einem Berg von Plastiktüten. Einer nach dem anderen der Sicherheitsleute verschwinden im Pförtnerhaus. Nach einer halben Stunde stehen sich die zwölf Wachmänner wie die Abordnung eines Staatsbegräbnisses in der alten Formation gegenüber. Alle tragen schwarze Anzüge, weiße Hemden und schwarze Krawatten. Der Blick geradeaus und Hände an der Hosennaht erinnern an das Wachbataillon Adenauer. Helme und Kampfanzüge liegen geordnet nebeneinander im Pförtnerhaus. Ein Friedensangebot an Elferrat und Belegschaft.

„Setze die Gerechten über die Ungerechten.“ (Konfuzius)

Sechster Tag. Die Belegschaft arbeitet wieder. Das großzügige Angebot des Unternehmers hat sich schnell herumgesprochen. Alle bekommen Geld. Das Unternehmen ist nicht pleite. Der alte GM hat die Unwahrheit verbreitet. Ein Blitzrundschreiben an die Lieferanten kündigt die Zahlung aller Rechnungen sofort und vor Fälligkeit an. Interimsmanager und Anwalt fahren fast alle wichtigen Lieferanten ab und erklären in Einzelgesprächen, was vorgefallen ist. Die Kunden erhalten am selben Tag noch gleich lautende Mitteilungen. Ein Druckunternehmen in der Nähe printet den Dank des Unternehmens auf rote Wandbehänge, die an die Polizei, den Bürgermeister, den Vorstand des Kreises und die Parteileitung versandt werden. Sie haben veranlasst, dass der Ex-General die Seele des Betriebes zurückgeben musste. Ein Unternehmen ohne Stempel existiert in China ebenso wenig wie ein Amt ohne Siegel.

Die Stempel werden überreicht wie die Krone für einen König. Insignien der Macht. Die Welt hat ihre alte Ordnung wieder.

Die Auseinandersetzung des Unternehmens mit seinem alten GM erbringt unter Führung des Beraters und des Anwaltes schon wenige Tage später einen Vergleich. Der Schaden, den der Chinese angerichtet hat, übersteige seine Forderungen, versucht der Anwalt ihm nahe zu bringen. Napoleon erlebt sein Waterloo. Dennoch verlässt er am Ende nicht unzufrieden das Schlachtfeld. Man hat ihm einen Korridor eröffnet, durch den er die Bühne in angemessener Demutshaltung, aber ohne Gesichtsverlust verlassen kann. Seine Reputation wird er in dieser Stadt nicht wiederherstellen können.

Am siebten Tage aber sollst du ruhen und Konfuzius lesen. Duke Ai fragt den Meister: „Was muss ich tun, damit sich das gemeine Volk unterwürfig verhält?“ Konfuzius antwortet: „Wenn du die Gerechten förderst und über die Unaufrichtigen setzt, wird es unterwürfig sein. Wenn du aber die Unaufrichtigen förderst und über die Gerechten setzt, wird das Volk auch nicht unterwürfig sein.“

(Der Handlungsverlauf ist authentisch. Name und Standort des Unternehmens sollen nicht genannt werden. Für die Wiederherstellung der Ordnung sorgte die Shanghai CMC-HUADE Consulting Co. Ltd.)

Stille im Sturm

Chinesische Investitionen in Deutschland – oder Raubzug auf Raten?

Die griechischen Helden im Inneren des Trojanischen Pferdes mussten leise sein, damit die Trojaner die Absicht nicht bemerkten. Arglos zogen sie das vermeintliche Geschenk an ihre Göttin Athene in die Stadt. Die herausstürmenden Krieger Agamemnons richteten ein Blutbad an und gaben der zum Schein abziehenden griechischen Flotte Feuerzeichen zur Rückkehr. Wer sich an die Geschichte erinnert, weiß auch, dass Laokoon der einzige Trojaner war, der rechtzeitig Lunte gerochen und vor der Annahme des hölzernen Pferdes eindringlich gewarnt hatte. Wie häufig in der Politik ist ihm das nicht bekommen. Seine Marmorstatue im Kampf mit den Schlangen erinnert an das Schicksal, das die Trojaner ihm und seinen Söhnen zugedachten.

Im deutschen Wirtschaftsministerium gibt es keinen Ministerialdirigenten mit dem Namen Dr. Laokoon. Auch in den Industrie- und Handelskammern ist ein solcher nicht bekannt. Still und leise schieben chinesische Privatunternehmen ihre Trojanischen Pferde in die Festungen der mittelständischen Industrie Deutschlands. Während die Augen der deutschen Wirtschaftswelt auf die eigenen Engagements, Joint Ventures, Erfolge und Misserfolge in der Volksrepublik China gerichtet sind, kaufen sich chinesische Privatunternehmen geräuschlos und unter Ausschluss der Öffentlichkeit bei deutschen Mittelständlern ein. Namen werden nicht genannt. Den Vermittlern droht das Schicksal Laokoons, wenn nur ein Wort vor der Zeit nach außen dringt. Kein Hufgetrappel, keine Fackeln kündigen die Invasion der Business-Khans an. Stille im Sturm.

Die Universität Frankfurt ist im Besitz einer Studie, nach der seit Beginn 2004 erhebliche industrielle deutsche Besitzstände in chinesische Hände übergehen. Im Jahr des 100. Geburtstages des großen Deng Xiaoping schlägt das Reich der Mitte zurück. Eine wachsende Zahl internationaler Pressemeldungen berichtet – noch zurückhaltend und nicht immer faktensicher – über „silent overtakes" der Chinesen. *DIE WELT* weiß von der Übernahme der Nähmaschinenfabrik Dürkopp Adler durch die Shangong Corp. in Shanghai. Die Hersteller von Textilmaschinen am Huangpo sollen das deutsche Traditionsunternehmen mit 140 Mio. Euro Umsatz und 2000 Mitarbeitern übernehmen, das sich im Besitz der FAG Kugelfischer AG befindet. Der Absatz von industriellen Nähmaschinen in Deutschland ist seit Jahren rückläufig. Hemden, Blusen, Hosen, Schuhe, überhaupt das meiste zum Anziehen kommt aus Asien. Also gehören dorthin auch die Werkzeuge und Maschinen. Alles, was zum Nähen, Schneiden, Steppen gebraucht wird, soll auch in China produziert werden.

Das jedenfalls befürchten die deutschen Mitarbeiter der Maschinenfabriken, die um ihre Arbeitsplätze bangen. Niemand kann sich ernsthaft vorstellen, dass Shangong auf Dauer unter deutschen Lohnbedingungen in Deutschland produzieren lässt. Wer wirtschaftlicher Logik folgt, sieht schon bald die Produktionsanlagen aus Bielefeld einschließlich der Konstruktionszeichnungen und Patentansprüche auf dem Containerterminal in Hamburg wieder, wo sie nach Shanghai verschifft werden.

Den Anfang machte die Huapeng Trading Corp. mit dem Kauf der insolventen Zylinderfabrik Welz in Rathenow bereits Anfang 2003. Der chinesische Marktführer für Druckbehälter für technische Gase sieht sich bereits nach weiteren neuen Übernahmen in Deutschland um. Laut Xinhua, einer staatlichen chinesischen Nachrichtenagentur, wurden 2003 bereits mehr als zwei Milliarden US-$ für ausländische Übernahmen investiert. So hält der Hongkong-Chinese Li Ka-

Shing seit August 2004 40 Prozent an der Drogeriemarktkette Rossmann. Die chinesische TCL übernimmt in Bayern den insolventen Computerhersteller Schneider. Und ebenfalls in Bayern werden Fabrikationsanlagen der Glasspezialisten Schott abgebaut und nach Suzhou verfrachtet. Experten erwarten bis 2012 chinesische Einkaufstouren in der industriellen Welt des Westens im Wert von mehr als 50 Milliarden US-Dollar. Bei vielen Mittelständlern in Deutschland kommt da Freude auf. Aber nicht bei allen.

Der trojanische Goldesel

Was den chinesischen Kaufabsichten in Deutschland entgegenkommt, ist das Nachfolgeproblem deutscher Industrieller besonders im Mittelstand. Etwa 80 000 Unternehmen in Gründer- oder Familienhand können nicht auf geeignete Erben zurückgreifen und finden niemanden, der unter den bis zur Erstarrung überregulierten gesetzlichen und gewerkschaftlichen Bedingungen Verantwortung für ein Unternehmen übernehmen will.

Zwei, drei Generationen lang haben sie die eigenen und die Familien der Mitarbeiter ernährt. Jetzt werden die blass gewordenen Fotos der Gründerväter von den Wänden genommen. Sie müssen den Anblick nicht mehr ertragen, wie ihre Tod-Not-Brot-Philosophie langsam wieder den Weg zurück zu den Anfängen nimmt. „Hochspezialisierte Kleinbetriebe sind zum Schnäppchenpreis zu haben“, schreibt Samiha Shafy in der *WELT*. Wessen Eigenkapital noch für eine Umsiedlung nach Tschechien oder Ungarn reicht, der macht sich auf den Weg. Wer es bis China nicht schafft, zu dem kommen die Chinesen bald selbst.

Die 140 Jahre alte deutsche Schiess AG in Sachsen-Anhalt stand mit einigen ihrer Produkte jahrelang weltweit an der Spitze. Der Werkzeugmaschinenhersteller ging im November 2004 zu einem „very very cheap price“ *(Business Company* der *China Daily*) an die Shenyang Machine Tool

Group (SMTL). Ein chinesischer Manager der SMTL verriet, dass damit zehn Millionen US-Dollar gemeint waren, die allein der Name der Schiess AG wert gewesen sei. Die weltweiten Niederlassungen der ehrwürdigen Aktiengesellschaft bieten dem neuen Eigentümer nun eine wertvolle Basis für Forschung, Entwicklung und vor allem Vertrieb. Die Ersten, die das zu spüren bekommen werden, sind die deutschen Wettbewerber. Die Auftragsbücher der SMTL sind voll. Unter dem Namen SCHIESS werden die Produkte nun um einiges günstiger am Weltmarkt wieder auftauchen.

Im November 2004 blicken Deutschlands Automobilbosse, die fast alle in China engagiert sind, erstaunt auf die Shanghai Automotive Industry Corporation (SAIC). Die SAIC unterhält Partnerschaften mit VW und GM und ist schon lange im Gespräch mit MG Rover. Jetzt wollen die Chinesen eine Mehrheitsbeteiligung an einer europäischen Autofabrik. Die Wirtschaftsredakteure machen das Thema vierspaltig auf. Kaum jemand aber stellt die Frage: Was soll der SAIC dieses automobile Loch nützen, in das schon BMW Unmengen Geld versenkt hat? Wollen die Chinesen Arbeitsplätze in Großbritannien schaffen oder erhalten? Wollen sie mit den Rudimenten der British Leyland (in Fachkreisen damals auch British Elend genannt) Geld verdienen? Wieder gibt Laokoon die Antwort. Weil die Premiumhersteller wie Mercedes und BMW die Zugbrücken zum Schutz ihrer technologischen Geheimnisse hochgezogen haben, schieben die Chinesen ihren trojanischen Goldesel in eine nicht so gesicherte Festung. Auch dort ist zu holen, was andere ihnen verweigern: das Know-how europäischen automobilen Fabrikationsstandards – und eine Marke.

Pauken und Trompeten, aber keine Musik

In Hamburg sind etwa 340 chinesische Firmen ansässig, nachdem Düsseldorf schon seit Jahrzehnten als die Hochburg japanischer Unternehmen gilt. Wer einen nach unten durchhängenden Bogen zwischen die beiden Städte auf die Landkarte zeichnet, bemerkt, wie sich das asiatische Lächeln quer durch die Bundesrepublik zieht. Die Hamburgische Gesellschaft für Wirtschaftsförderung plant im Freihafen eine hanseatische Chinatown und fördert Neuansiedlungen chinesischer Unternehmen großzügig mit Mietzuschüssen. „Unser Ziel ist es, ein China-Cluster in der Hafencity zu entwickeln", sagt Ole von Beust. Der Bürgermeister verlängert damit die Reihe von visionären Beispielen, die der öffentlichen Hand immer schon teuer zu stehen gekommen sind. Seit 2004 macht nun Düsseldorf den Hamburgern beim Werben um die chinesische Braut zusätzlich Konkurrenz. „Japaner oder Chinesen", sagt dazu ein Rheinländer in der Schadowstraße, „sehen für uns alle gleich aus."

Kaum konnte von Beust seine Enttäuschung verbergen, als er am 14. September 2004 in Beijing eintraf und sein Bodyguard in der für den Hamburger Bürgermeister reservierten Suite drei Chinesen in Unterhosen aufschreckte. Diese Panne hätte er noch wegstecken können. Dann aber traf ihn die ganze Undankbarkeit der chinesischen Gastgeber mitten in sein hanseatisches und China so zugetanes Herz. Zeng Peiyan, der ihn als stellvertretender Premierminister empfangen sollte, sagte unvermittelt ab. Und auch der Handelsminister konnte den Ersatzmann nicht geben. Das Zentralkomitee hatte eine Sitzung anberaumt. Von Beust stand buchstäblich im Regen, denn der pladderte auch noch den ganzen Tag über die Hauptstadt. Schließlich erbarmte sich Xu Kuangdi als stellvertretender Vorsitzender der „politischen Konsultativkonferenz" und empfing den Hamburger.

Der mitreisende Geschäftsführer des Hafencity-Projekts, Bruns-Berentelg, „wollte hier einem Fachpublikum das neue Quartier jenseits der Speicherstadt vorstellen", schreibt *DIE WELT*, „doch zahlreich geladene Gäste kamen (wegen des Regens) zu spät". Die Zeiten sind vorbei, als Chinesen aufmerksame Gastgeber waren und für jede Langnase, die sich mit ihrem Lederköfferchen nach China verirrte, fast eine Konfettiparade veranstalteten. Noch in den frühen Achtzigern erschienen auf den bloßen Verdacht eines Geschäfts der Bürgermeister, sein Stellvertreter, Repräsentanten der Partei, ihre Allesmitschreiber und eine Reihe meist dösender Kader, die sich nicht genierten, gelegentlich einen Furz zu lassen.

Europäer, die in China Geschäfte machen wollen, werden heute unbemerkt einer Gesichtskontrolle unterzogen, bevor sie chinesischen Boden betreten. Ohne Vertrauen schaffende Maßnahmen im Vorfeld eines Besuches oder Darlegung der Bonität steht keine schwarze Limousine mehr am Flughafen. Und Hamburg sollte sich zweimal überlegen, wie viel Geld es dafür ausgeben will, um von Leuten wie Xu Kuandi mit den Worten abgefertigt zu werden, dass es sich bei den Hamburger Ansiedlungen „doch nur um kleinere Unternehmen" (*DIE WELT*) handele. Hätte nur noch die Bemerkung an von Beust gefehlt: „Was wollen Sie eigentlich hier?" Der Hanseat ist in dem dunklen Drang ins so viel zitierte Reich der Mitte nicht allein. Kurz nach ihm brachen die Oberen der Allgemeinen deutschen Ortskrankenkassen zu einer „Informationsreise" auf. Jeder deutsche Unternehmer in China hätte ihnen erklären können, wie das chinesische Gesundheitssystem funktioniert.

Chinesen haben für Naivität kein Verständnis. Gegenwärtig ist kein chinesisches Industrieunternehmen in Deutschland bekannt, das in nennenswertem Umfang deutsche Arbeiter und Angestellte im Rahmen einer industriellen Produktion beschäftigt. Es ist auch kein solches Unternehmen in Sicht. Nicht in Deutschland. Nicht in Europa. Unübersehbar ist dagegen eine technologische und wissenschaftliche Aufrüstung der chinesischen Wirtschaft, mit deren Ergebnissen sie auf den deutschen Markt drängen. FAG Kugelfischer entlässt gegen Ende 2004 Hunderte von Mitarbeitern, weil ihre Wälzlager billiger aus China kommen. Fast tausend chinesische Maschinenbauer drängen auf den Weltmarkt. „ABB und Siemens nehmen diese Bedrohung ernst“, schreibt *DIE WELT* und verweist auf Beispiele zunehmender Wettbewerbsfähigkeit bei günstigen Preisen. Die Wirtschaftspresse begrüßt jede chinesische Erscheinung mit Pauken und Trompeten. Wirtschaftliche Musik ist mit dem Getrommele allein nicht zu erzeugen.

Weißer Markt in gelber Hand

Mr. Zhou zum Beispiel kontrolliert die Qualität der Kühlschränke, die sein Chef Zhang Riumin für OTTO-Versand und Obi-Baumärkte herstellt. Sein Unternehmen Haier in Quingdao (Provinz Shandong) macht acht Milliarden Euro Umsatz im Jahr und verkauft erst zehn Prozent seiner Produkte ins Ausland. Noch in den achtziger Jahren verprügelte der Firmengründer chinesische Arbeiter, weil sie auf ihrem Arbeitsplatz neben die Maschinen pinkelten. Der Chef zwang Mitarbeiter, 76 fehlerhafte Kühlschränke mit Vorschlaghämmern zu zertrümmern. Er selbst half mit. Diese Aktion hatte auf die Chinesen bei Haier offenbar die gewünschte Wirkung. Mit flatternden Hosen sahen sie den Zorn ihres Herrn und Meisters und rissen sich für die Zukunft am Riemen. Die Weltpresse hielt das Ereignis fest und brachte das Unternehmen in die Schlagzeilen.

Mr. Zhou, der auch schon etliche Miele-Waschmaschinen auseinander genommen hat, sagt: „Wir werden in fünf Jahren besser sein als Miele.“ Dann zeigt er uns ein Lächeln, das uns augenblicklich an das deutsche Zentralproblem Zahnersatz erinnert, und fügt hinzu: „Und billiger.“ Kühlschränke, Waschmaschinen, Küchenherde und Küchengeräte von Haier haben längst internationalen Ruf. Eine eigene Produktionsanlage arbeitet in USA, in Deutschland stehen derzeit nur zwei Trojanische Pferde im Stall. In Gießen und München bauen Haier Electronics Groups den Vertrieb auf, von dem sie sich einen Erstumsatz von mehr als 30 Millionen Euro allein in Deutschland erwarten. Eine der Ideen des Firmenchefs Zhang lief allerdings ins Leere. Auf der Suche nach einem geeigneten Partner griff er gleich zu den Sternen. Das Familienunternehmen Miele wollte aber seinen von den Verbrauchern verliehenen Mercedesstern nicht mit Chinesen teilen. Das Beispiel zeigt, wie zielsicher Unternehmer aus China die Schlüsselstellungen im deutschen Markt ansteuern, wenn auch nicht jeder Versuch erfolgreich ist.

Miele ist gut aufgestellt und schützt sich mit einer warm gepolsterten Eigenkapitaldecke vor den Widrigkeiten aus Basel II und Hilfsangeboten aus China. Ein Fehler von Zhang bestand auch darin, die Sensibilität eines Premium-Unternehmens zu unterschätzen, das gegenüber seiner gut betuchten Kundschaft nicht in den Geruch des falschen Umgangs kommen will. Zhangs Idee, über Qualität und niedrige Preise „das Herz des deutschen Kunden zu gewinnen", wird er nicht aufgeben. *Far Eastern Economic Review* und *Financial Times* verliehen Haier den Titel „am meisten respektiertes Unternehmen Chinas". 30 Prozent aller Haushaltskühlschränke in USA kommt aus China, dazu die Hälfte aller dort verkauften Weinkühler, ein Umstand, der jeden Bordeaux-Liebhaber doppelt amüsiert.

In der Ruhe liegt die Kraft

Niemals in ihrer Geschichte haben Chinesen Beute auf kriegerische Art und Weise nach Hause geholt. Die riesigen Flotten, mit denen bereits Zheng He seine See-Expeditionen im frühen 15. Jahrhundert bis nach Indien, Afrika und Arabien führte, dienten nur friedlichen Zwecken. China trieb Handel mit der Welt, deren Könige und Kaiser es fürstlich beschenkte. Alle Errungenschaften, Erkenntnisse, Techniken, Tricks, ihren gesamten Erfahrungsschatz unzähliger Handelsreisen trugen sie gänzlich unspektakulär heim ins Reich.

Ihre Triebfedern sind auch heute noch Ehrgeiz und Streben nach Anerkennung. Chinesische Unternehmer finden

Anerkennung nur bei Chinesen, nur in China, nur zu Hause. Heimweh hat Millionen ihrer Landsleute über Jahrzehnte in Taiwan und Hongkong gequält. Hunderttausende Auslandschinesen reisen mit einer Sehnsucht nach China wie Juden nach Jerusalem. Ihre Außenposten in Hamburg bereiten nur die Dokumente vor, um die Ergebnisse jahrelanger wissenschaftlicher und empirischer Fummelei deutscher Ingenieure und Techniker streng nach den Regeln der WTO in ihre Fabriken an der Ostküste zu holen.

Oder sie bauen riesige Anlagen ab wie die Kokerei „Kaiserstuhl" in Dortmund. Mehr als 25 000 Menschen fanden im Bereich der Dortmunder Westfalenhütte und der Kokerei ihr Auskommen. Gegen chinesische Löhne von 150 Euro im Monat hatten die deutschen Arbeiter keine Chance. In Dortmund rückten fast zwei Jahre lang mehr als 300 chinesische Arbeiter den 40 000 Tonnen Stahl zu Leibe, zerlegten sie in Tausende von Teilen, um sie in 60-Stunden-Wochen einschließlich der Samstage Waggon für Waggon in die niederländischen Häfen zu schaffen. Von dort nahmen unzählige nummerierte Rohre und Maschinenteile ihren Weg nach China. *DIE ZEIT* bezeichnet diese Aktion als eine „der größten Industrieumsiedlungen weltweit und die erste Verlagerung einer Kokerei weltweit". Kaum ist die riesige Anlage dort wieder zusammengefügt, denken deutsche Politiker über die Reaktivierung der Steinkohle nach. Koks zur Herstellung von Roheisen bleibt knapp und teuer. Der Präsident der deutschen Stahlindustrie, Ameling, fordert im Oktober 2004 neue Kokereikapazitäten für die Herstellung von Stahl. Nun kommt der Koks ab 2006 um vieles billiger zurück aus China. Möglicher Lieferant: Die nach Qingdao verfrachtete Kaiserstuhl-Kokerei aus Dortmund.

Der Kopf ist rund, damit die Gedanken die Richtung ändern können. Die Chinesen haben ihren Interessen und ihren Investitionen am Weltmarkt eine neue Richtung gegeben. Einige ihrer Trojanischen Pferde stehen mitten in Hamburg und werden vom Senat gefüttert. „Globalisierung kann nicht nur in eine Richtung gehen", sagt ein Mitarbeiter der Hamburgischen Gesellschaft für Wirtschaftsförderung. Es gibt viele Wirtschaftsförderungsgesellschaften in Deutschland. Städte, Landkreise und politische Parteien parken dort gern überflüssiges Personal. In ihrer meist auf die regionalen Wirtschaftsinteressen gerichteten Arbeit liegt auch ihre Beschränkung. Nichts können sie an den Tatsachen ändern, die morgens auf den Anzeigenseiten der *Hamburger Morgenpost* Tausende Frühaufsteher noch vor Geschäftsbeginn an die Pforten der Supermärkte treiben. Tennisschläger für 39 Euro, Schlüsselkästen mit Chrom-Vanadium-Teilen lassen Heimwerkerherzen höher schlagen. Produkte mit dem Label „Made in China". Den deutschen Fachhändlern tränen die Augen. Dann sperren sie ihre Läden zu. Selbst eine Institution wie Karstadt überlebt nur durch Totalamputation.

Wahrnehmung oder Wunschdenken

Ein Blick über den Tellerrand hinaus auf die Kaimauern der deutschen Containerhäfen zeigt, in welchem Umfang chinesische Einfuhren auf dem Seeweg zunehmen. Mit 16 Millionen Containern verschifften chinesische Unternehmen 2003 doppelt so viel Equity Units wie die USA. Ein 40-Fuß-Container kostet von Shanghai nach Hamburg etwa 3000 US-Dollar. Voll bis zum Rand mit Textilien, betragen die Transportkosten pro Hemd und Hose nur ein paar Cents. Große Reedereien wie das dänische Unternehmen Maersk wollen ihre Containerflotte verdoppeln. Da kommt auf dem Seeweg einiges auf Deutschland zu.

Zurück von Hamburg nach Shanghai aber sind viele Container leer. Die Frachtpreise nach Asien liegen weit unter denen auf der Route nach Westen. Mangel an Nachfrage. Die Asiaten brauchen nicht viel von uns. Konstruktionspläne, Bauanleitungen und Know-how lassen sich leicht elektronisch übermitteln. Trost gibt es noch für deut-

sche Unternehmen, die halbfertige Güter nach China zur Weiterverarbeitung wegen der niedrigeren Löhne verschiffen. Ihnen kommen die günstigen Transportraten nach Osten zugute. Ein konservativer deutscher Wirtschaftspolitiker machte den Vorschlag, die preisgünstige Einbahnstraße für den Export deutscher Gewerkschaftsbosse nach China zu nutzen. „Dann steigen auch dort die Löhne in wenigen Jahren um ein paar hundert Prozent." Den Umweltminister, meinte er, packe man am besten gleich mit dazu. „Das hilft China. Und das hilft uns."

Bis dahin hilft uns die neue individuelle Mobilität, die die chinesische Regierung ihren Untertanen gewährt. Ob auf der Domplatte in Köln oder vorm Rathaus in München, die asiatischen Gesichter mit den zugekniffenen Augen hinter den Kameras gehören immer mehr Angehörigen der Volksrepublik. Die *Beijing Review* erklärt im November 2004 in typisch chinesischer Dialektik, warum die Chinesen wie Zugvögel in Schwärmen erst jetzt Europa erobern können, weil nämlich „weitere 27 Länder ihre Tore für chinesische Touristen öffnen mussten". Lange hätten die armen Chinesen ihre Neugier auf den Okzident unterdrücken müssen, da die Langnasen sich nicht entschließen konnten, sie als Besucher zu akzeptieren. Die Anspielung auf das Schengener Abkommen dient als willkommene Ablenkung. *Beijing Review* spart auch nicht mit Vorwürfen. Die Gier der europäischen Kellner nach Trinkgeld beleidige die Seele Chinas, wo die Annahme solcher Tips ehrenrührig ist. „Kopfschmerzen" mache auch das gastronomische Angebot, das den empfindsamen chinesischen Magenschleimhäuten Probleme bereite. Die Magenschmerzen bekommen sie dann zusätzlich beim Blick auf die Rechnung. „Zurück im Hotel fühlten sie sich nach dem Essen noch hungrig, für das jeder mehr als 40 Euro bezahlt hatte."

Die Deutsche Zentrale für Tourismus rechnet in wenigen Jahren mit einer Million Übernachtungen von Chinesen. 2004 waren es mehr als 600 000. Die beliebteste Reisezeit ist der Herbst. Zu den Nationalfeiern am 1. Oktober erhalten Chinesen sieben Tage Urlaub. Die deutschen Gastronomen und Hoteliers lernen bereits, sich höflich zu verbeugen und Nin hao (Guten Tag) zu sagen. Der Gedanke, ganz in Deutschland zu bleiben, wird durch ein so genanntes Deposit erschwert, eine Kaution, die chinesische Reisebüros einbehalten müssen und erst nach Rückkehr in die Heimat auszahlen dürfen. Vier- bis fünftausend Dollar muss man vorübergehend entbehren können, bevor die eigentlichen Reisekosten fällig sind.

Wer diese Hürden nach Ouzhou (Europa) überwindet, gehört zu den Erfolgreichen im eigenen Land. Aufmerksam untersuchen sie die Angebote der Markengeschäfte in Berlin, London und Paris, prüfen Reeboks, Nikes, Adidas und Pumas Produkte, aber auch Edeltextilien einiger Couturiers und lächeln sich an. Das alles ist schon einmal durch ihre Hände und Fabriken gegangen als namenlose Massenprodukte. Geadelt durch ein Markenlabel erwacht ein simpler Schuh, ein schlichtes Shirt zu glanzvollem Leben. Wie ein

Wonderbra stützt das Label mangelndes Selbstbewusstsein der Konsumenten. Immer kleiner, unleserlicher verstecken die Hersteller die obligatorische Herkunftsbezeichnung Made in China, als wenn die meisten Verbraucher nicht wüssten, dass sie drei Viertel des Preises für den Aufkleber bezahlen. Aufgeregt notierte sich eine chinesische Reisegruppe die Herstellerkennzeichnung in den Sonderangeboten einer Kölner Supermarktkette. Die boten „Wanderschuhe in hochwertigem Nubukleder“ für 23 Euro an – made in Taiwan. Um 10 Uhr bereits war der Posten von tausend Paar verramscht.

Mangel an Einsicht

Den Aldi- und Lidl-Einkäufern werden immer wieder so genannte Containerpositionen angeboten, die sich scharf kalkulieren lassen. Container werden voll gestopft, in letzter Minute noch einen Kampfpreis mit dem Reeder ausgehandelt, ab aufs Schiff, die Supermärkte in Europa haben schon die Anzeigen geschaltet. Solche Geschäfte handelt in China oft ein einziger Mann durch. Es gibt Fabriken, die machen gegen 18 Uhr Feierabend. Wie von Geisterhand gehen spät um 22 Uhr wieder die Lichter an, Maschinen laufen an und setzen die Produktion fort, nur für einen anderen Auftraggeber.

Die Schwarzarbeiter der Nachtschicht kennen die Kollegen der legalen Tagschicht nicht. Geringfügige Veränderungen in Material und Farbe lassen die technische Identität mit der später als Markenware gehandelten Produktlinie nicht unmittelbar erkennen. Die andere Variante besteht im Kauf und der Installation gebrauchter Fabrikationsanlagen, die an einem günstigeren Standort für Bruchteile das Gleiche produziert wie zuvor. Was die Europäer als Verbraucher sparen, zahlen sie als Arbeitnehmer mit dem Verlust ihrer Arbeitsplätze zurück.

Was asiatische Billigimporte nicht zerstören, das fällt dem

Realitätsverlust der Politiker zum Opfer. Wir hatten das Vergnügen, einige Jahre in der damaligen Regierungshauptstadt Bonn zu leben. In dem Wohnviertel auf dem Venusberg waren wir umgeben von Ministerialdirigenten und Beamten des gehobenen Dienstes. Mitte der siebziger Jahre fuhren sie als Privatleute fast ausnahmslos japanische Autos, als wenn sie ihr Geld aus Tokyo bekämen. Auch im Stadttheater saßen wir neben ihnen, als sie zu Schillers „Wilhelm Tell" applaudierten: „Ans Vaterland, ans teure, schließ dich an. Hier sind die starken Wurzeln deiner Kraft."

Anderntags erhoben sie für deutsche Unternehmen die Gewerbesteuern auf Schuldzinsen. Bis zum heutigen Tag wird die Hälfte der Schuldzinsen dem Betriebsergebnis wie ein Gewinn zugeschlagen und ist gewerbesteuerpflichtig. Ein Widersinn, der Zhan You-Rong von der Messegesellschaft in Nanjing zu der Bemerkung veranlasst: „Die Deutschen glauben doch nicht im Ernst, dass Chinesen in Deutschland investieren, wenn sie auf Kredite, die sie dafür aufnehmen, Steuern bezahlen müssen." Ähnlich geht es Hunderttausenden von deutschen Unternehmern und Handelsvertretern, die für Akquisition und Vertrieb ihr Leben auf der Autobahn verbringen, wo sie sich Herz- und Kreislauferkrankungen anärgern. Sie versteuern ein Prozent der Anschaffungskosten ihres fahrbaren Untersatzes jeden Monat – als Dank dafür, dass sie deutschen Produkten den Weg in einen Markt erkämpfen, der nie schwieriger war als heute.

Cai Jin Bao, der Chef einer Druckerei in Shanghai, die vier große Heidelberger Rollenoffset-Maschinen betreibt, schüttelt nur den Kopf: „Wir liefern unsere Druckerzeugnisse auch nach Deutschland. Die deutschen Kollegen kämpfen an vier Fronten zugleich: gegen unsere Löhne, gegen chinesische Qualität auf deutschen Maschinen, gegen die Ideologien ihrer Gewerkschaften und gegen ihre unverständigen Politiker im Allgemeinen. Das überlebt kein wirtschaftlicher Organismus." „Aber in Hamburg sind mehr als

300 chinesische Unternehmen ansässig“, wenden wir ein. Cai nimmt einen Druckbogen und prüft die Qualität mit dem Fadenzähler. Dann blickt er auf und sagt: „Dreihundert in Hamburg? Drei Millionen in Amerika. Sie kommen alle wieder nach Hause. Sie bringen euch kein Geld. Sie holen nur eures nach China.“

Chinesische Miniaturen

Beobachtungen einer Arbeitswoche

70 Jahre zu spät

Im 39. Stockwerk des Jin Mao Towers in Pudong steigt ein altes chinesisches Ehepaar aus dem Fahrstuhl. Viele Male haben sie fragen müssen, wo die Bank mit dem Namen einer großen deutschen Kulturstadt ihren Sitz hat. Überwältigt von dem Glanz, haben die beiden Alten ihren zerschundenen Pappkoffer an den wohlriechenden Businessgirls und uniformierten Wachmännern vorbeigemogelt. Nun stehen sie gebeugt in der Empfangshalle der Bank und wollen den Chef sprechen. Die Sekretärin ist verwirrt. Wie Geschäftsleute sehen die beiden nicht aus. Wie Anleger schon gar nicht.

Der Senior Manager ist ein guter Mensch und nimmt sich des Paares an. Gemeinsam wuchten sie den Koffer auf die polierte Tischplatte. Dann erzählen sie stockend, dass sie in den dreißiger Jahren viel deutsches Geld in Verwahr genommen haben, welches sie nun in Dollar oder Euro tauschen möchten. Man kann viele Vermutungen anstellen. Dann öffnen sie umständlich die alten Schlösser und klappen den Deckel hoch. Dem Senior Manager verschlägt es die Sprache. Über zwei Millionen gut erhaltener Reichsmark liegen gebündelt im Koffer. Nach der Enttäuschung in den Gesichtern der alten Leute „konnte ich zwei Nächte nicht schlafen“, erzählt er. Sie hatten ernsthaft geglaubt, dieses Geld in Dollar umtauschen zu können.

Brauchen Sie eine Quittung?

Der chinesische Trick zur Vermeidung von Schwarzeinnahmen in der Gastronomie wäre einem deutschen Beamten nie eingefallen. Der Weg zu sauberen Abrechnungen wie in China wäre ihm nicht kompliziert genug, da er ohne jeden Verwaltungsaufwand zu realisieren ist. Jeder Gast besteht aus eigenem Interesse auf einer Quittung beim Bezahlen. Die Kassenbons enthalten Rubbellose. Chinesen sind Spieler. Die Chance, mit einer Nummer zu gewinnen, lassen sie sich nicht entgehen. Selbstverständlich überreichen chinesische Wirte in Shanghai ihren Gästen die Rubbelquittung. Die haben schon den Teelöffel in der Hand, mit dem sie die dünne Tapete zu ihrem Glück durchbrechen. Die Kasse registriert gnadenlos jeden ausgegebenen Bon.

Gesetz wie Schweizer Käse

Allzu klares Wasser meiden die Fische. Warum, wird im chinesischen Alltag immer wieder deutlich. Da gab es die Regelung, dass ein Kleinunternehmer nur sieben Mitarbeiter haben darf, um den bevorzugten steuerlichen Status zu genießen. Niu Liang beschäftigte aber 26 Mitarbeiter. So drohte ihm Ärger. Mit asiatischer Gelassenheit sieht er dem Besuch der Behördenvertreter entgegen. Das übliche Palaver entspann sich. Andeutungen über alternative Regelungen unter dem Tisch überhörte der Unternehmer geflissentlich. Die Unterhaltung nimmt einen ärgerlichen Verlauf, die Atmosphäre, eine ganz wichtige klimatische Größe in China, scheint vergiftet. Immer wieder konfrontiert mit dem Vorwurf, er habe 26 Leute eingestellt, und man werde ihn ab sofort in einer für ihn ungünstigen Klassifizierung registrieren, lässt der Mann über sich ergehen. Erst als sich die Amtsträger erheben, weist er die Beamten darauf hin, dass er vier Unternehmen habe. Keines beschäftige mehr als sieben Mitarbeiter. Niemand kann ihm ein Gesetz zeigen, wo auch die Anzahl der Unternehmen reguliert ist. Das Gesetz in China ist wie ein Schweizer Käse. In den weiträumigen Löchern gibt es genug Luft zum Atmen.

Fremde Kuscheldecke

Unser Unternehmen unterhält seit Jahren eine kleine Wohnung für unsere Praktikanten aus Deutschland. Lage und Ausstattung des Apartments sind authentisch chinesisch. In diesem Viertel fällt jeder Europäer noch auf. Till T., unser Student aus Cuxhaven, ist von sprichwörtlicher Bescheidenheit. Seine Genügsamkeit erstaunt selbst arme Chinesen. Eines Tages macht Till seltsame Andeutungen. Er hat die Kunst der asiatischen Umschreibung schon so adaptiert, dass er mehrfach versichert, dass dies, was er nun vorzutragen habe, nicht unbescheiden sein solle, er der Angelegenheit auch nicht übermäßige Bedeutung beimesse, gleichwohl er doch den Kollegen mitteilen wolle, dass er den Eindruck habe, dass während er arbeite, jemand in seinem Bett schliefe. Und das schon seit Wochen.

„Männlich oder weiblich?“ Er muss einigen Spott über sich ergehen lassen. Gleichwohl besteht er auf seiner Behauptung „wenn ich im Büro bin (und da ist er mindestens zehn Stunden am Tag), pennt einer in meinem Bett. Es riecht auch ganz anders“. Da ihm zu glauben ist, zumal Till in der Tat einiges wegstecken kann, besuchen wir mit unserem chinesischen Fahrer den Wohnblock gegen Mittag. Punkt High Noon reißen wir die Tür auf und finden einen schnarchenden Chinesen im Bett. Ein abgerissener Typ, bartstoppelig, offenbar ungewaschen, hat sich Tills Kuscheldecke über die Ohren gezogen. Wir wecken ihn unsanft. Brummelnd kommt er zu sich, ist sich aber keiner Schuld bewusst. Der chinesische Hausmeister vermietete Tills Bett für eine Tagesgage von 50 Yuan. Nachts arbeitete Tills Bettgenosse auf einer Baustelle.

Anrüchiges aus der Pionierzeit

„... erzähl noch mal die Geschichte mit den Schweinedärmen", werde ich immer wieder gebeten, wenn jüngere Geschäftsleute zu Besuch sind. Die alten Pioniergeschichten von meiner Eroberung des chinesischen Marktes vor mehr als 24 Jahren können heute noch den Anflug einer Gänsehaut erzeugen.

Eines der größten Fleischverarbeitungsunternehmen in Deutschland hatte eine Anfrage nach Schweinedärmen an mich gestellt. Die Chinesen haben einen großen Bedarf an Schweinefleisch und wussten damals mit den Därmen nicht viel anzufangen. Unser Wurstfabrikant in Deutschland dagegen hatte einen immensen Bedarf, den er in China preisgünstiger zu decken hoffte. Leider ließ er mich im Unklaren darüber, welche Abschnitte des Darmes und in welcher Beschaffenheit er sie als Muster wünschte. Meine Recherche in der Umgebung von Nanjing verbreitete sich innerhalb von Stunden wie ein Lauffeuer bei den Bauern der Umgebung. Ich verabredete mich mit einigen von ihnen in meinem Hotel.

Meine Kenntnis über Schweinedärme war gleich null. Mir genügte es, dass mein eigener Darm auf den vielen Reisen durch die Provinzen dem chinesischen Nahrungsangebot standhielt. Der Anreise der chinesischen Bauern stellte sich wohl eine Reihe von Hindernissen entgegen. Es war damals nicht einfach, für Landbewohner ein Fahrzeug zu beschaffen, um in die Stadt zu reisen. Telefon gab es nicht. Erst am Tag meiner eigenen Abreise nach Deutschland erschienen vier Bauern in Mao-Anzügen in der Hotellobby des Jinling Tower. Jeder trug einen großen Plastiksack. Die Chinesin an der Rezeption wollte schon die Hotelwache alarmieren, um die Marmorlobby von dem unangemessenen Besuch zu befreien. Mit Händen und Füßen erklärten die Bauern jedoch, sie würden von einem Deutschen erwartet. Mit einem not-amused-Gesichtsausdruck rief die Dame meinen Namen. Ich war in Eile. Meine Koffer standen bereits in der Lobby.

Unmöglich konnte ich alle vier vollen Plastiktüten unterbringen. Als ich einen Blick hineinwarf, dachte ich, mir schwänden die Sinne. Augenblicklich verbreitete sich ein unbeschreiblicher Gestank in der Halle und verteilte seine Methanmoleküle in den Nasen der Hotelbesucher. Kurz entschlossen öffnete ich meinen Koffer und versuchte, eine der Tüten noch irgendwo zwischen meine Anzüge zu stopfen. Der nachgiebige Inhalt erleichterte meine Bemühungen, die ich in der Hocke zu vollziehen gezwungen war. Die vier Bauern standen um mich herum. Plötzlich tauchte neben ihren schmutzigen Sandalen ein Paar schwarzer Lackschuhe auf mit korrekt darüber geworfener Bügelfalte einer Umschlaghose. An deren Beinen blickte ich langsam empor. Der Hotelmanager. „Was packen Sie denn da ein?“, wollte er wissen, während er sich ein Taschentuch vor die Nase hielt. „Ich muss abreisen“, sagte ich ihm „und packe meine Därme ein.“

Als ich nach langem Flug in Zürich umsteigen musste, unterzog mich der Schweizer Zoll einem Zwischencheck. „Bitte öffnen Sie Ihren Koffer“, sagte der Beamte. Ich zögerte. „Haben Sie ein Problem?“ setzte er nach. Ich öffnete den Koffer. Die Plastiktüte war wie ein Ballon aufgepumpt. In diesem Augenblick wurde mir bewusst, dass die Chinesen mir ungewaschene Därme eingepackt hatten. Ihren Verdauungsprozess hatten sie auf der Reise nach Europa fortgesetzt. „Was ist das?“ „Das sind meine Därme“, sagte ich wahrheitsgemäß. Der Beamte und seine Kollegen zogen auf unnachahmliche Art ihre Augenbrauen hoch. Die zollamtliche Untersuchung ließ durch Betasten der Tüte den Druck entweichen. Die gestandenen Schweizer traten die Flucht an. Und ich den Heimweg nach Hause.

Im reinlichen Frankfurter Flughafen zog ich schon einen Schwarm Fliegen hinter mir her. Zu Hause stopfte ich die Därme in den Kühlschrank, um sie dem Kunden wenige

Tage später zu servieren. Als ich den Inhalt des Plastiksacks in eine Wanne ausbreitete, die er auf seinen Schreibtisch hatte stellen lassen, sprang er mit einem Satz zurück – Entsetzen in seinen Augen. Den Metzger und den Leichenmann den ficht so schnell kein Ekel an. Diesen Spruch hatte ich widerlegt. Der Kunde ließ meine Musterlieferung chinesischer Schweinedärme augenblicklich entsorgen. Einen Auftrag zum Import von Schweinedärmen habe ich nicht erhalten. Mein gesamter Kofferinhalt, Anzüge, Hemden, Wäsche war nicht mehr zu verwenden. Jahrelang erinnerte mich allein der Anblick von Wurst an diese Geschichte. Lange vermied ich erneuten Kontakt zu dem Kunden. Auch er schien meine Nähe nicht zu suchen.

Vor wenigen Monaten, zwanzig Jahre nach dem peinlichen Erlebnis, trafen wir uns wieder. Ich erhalte eine neue Chance. Der Auftrag betrifft die Einrichtung eines Joint Ventures, das der Kunde mit einem chinesischen Partner realisieren will. Davon verstehen wir was. Beruhigend zu wissen: Geld stinkt nicht.

Korrektur ist keine Korruption

Ein Uniformierter mit Zollstock, Papier, Schreibgerät und wichtiger Miene inspiziert das Umfeld unseres Bürogebäudes. Mitarbeiter unseres Büros finden heraus, dass der Mann von der Feuerwehr, etwas über 60 sei und in amtlicher Mission komme. Das heißt in China was.

Nach umfangreichen Messungen in die Länge und Breite notiert er eifrig Zahlen. Er wiederholte den Vorgang, als ob er sichergehen wollte, dass ihm auch kein Zentimeterchen fehlt. Die chinesischen Mitarbeiter unterbrechen ihre Arbeit und schauen aus den Fenstern zu. Im Büro findet eine ausgiebige Debatte mit dem Amtsträger der Feuerwehr statt. Nach einer halben Stunde holt ein Mitarbeiter einen der Geschäftsführer hinzu.

Der Abstand unseres Gebäudes zur Begrenzungsmauer

sei sieben Zentimeter zu gering. „Wem fehlen denn die Zentimeter?“ fragt der Manager. „Dem Feuerwehrauto“, sagte er nicht ohne Vorwurf in seiner Stimme. „Das Gebäude steht seit acht Jahren an dieser Stelle, ebenso die Mauer“, wenden wir ein, „das ist ja nicht unser Fehler“. Mein chinesischer Partner schickte mich mit einer Geste hinaus. Nach gut einer Stunde ist der Feuerwehmann weg und ich erfahre, dass er den „Abstand passend gemacht“ habe. 200 Yuan hatte die kleine Änderung der Notizen auf seinem großen Schreibblock gekostet. Etwa 30 Yuan pro Zentimeter.

Erfüllung des Gesetzes

Lao Hung ist zu schnell gefahren. Der Vorgang wurde per Videokamera und Geschwindigkeitsmessung dokumentiert. 90 km/h! 30 waren erlaubt. Es wird immer schlimmer in Shanghai, stöhnt Lao Hung. So nennen wir den deutschen Geschäftsmann, um ihn vor weiterer Verfolgung zu schützen. Der Strafbefehl kommt per Post: Fünf RMB Geldstrafe, vier Wochen Entzug der Fahrerlaubnis und drei Punkte. Nicht Flensburg, nein – Shanghai. Chinesen kopieren alles.

Lao Hung hat in seinem Office ein chinesisches Allroundtalent. Früher Karatekämpfer, dann Lao Hungs Bodyguard, nun Fahrer und Mädchen für alles. Der Mann heißt Quing und ist von gewinnendem Äußeren. Ich zahle freiwillig 500 RMB und behalte den Führerschein, sagt Hung zu Quing. Erledige das! Nach drei Stunden ist Qing zurück im Büro. Alle bestürmen ihn. Alle diskutieren. Auseinandersetzungen mit Polizei und Behörden sind für die chinesischen Mitarbeiter stets aufregend.

Keine Chance, sagt Quing. Sie wollen Ihren Führerschein, Lao Hung. Nun macht sich der alte Hase selbst auf. Quing fährt. Frau Wang kommt als Dolmetscherin mit. Unterwegs kurze strategische Planung. Sehr busy, sagt Hung. Das müssen sie denen erklären. Und zeigen Sie immer auf den Kindersitz im Auto. Viele Kinder. Jeden Tag hin und zurück vom Kindergarten. Abends wichtige Gespräche mit Bürgermeister, Parteigenossen und so weiter. Immer eilig, eilig.

Frau Wang übersetzt und erklärt langsam und deutlich. Der Polizist hört geduldig zu. Würdigt dabei die Langnase keines Blickes. Frau Wang beendet ihr Plädoyer. Die Antwort des Offiziellen ist kurz und knapp. Er will nur einen Führerschein, sagt Frau Wang zu Hung, es muss nicht unbedingt Ihrer sein.

Sie haben doch einen Führerschein, Frau Wang, sagt Hung. Und kein Auto, fügt er hinzu.

Sie kennen doch den OTTO-Katalog, Frau Wang. Nun wird Lao Hung niederträchtig. Wollen Sie sich nicht ein wunderschönes Kleid aus Deutschland aussuchen? Frau Wang rückt wortlos ihren Führerschein heraus. In vier Wochen kann sie ihn wieder holen. Vielleicht ist dann auch schon das Kleid eingetroffen. Mal sehen, was auf dem Etikett stehen wird – „Made in …“

Der kleine Unterschied

Der Manager eines österreichischen Unternehmens in Shanghai hat eine böse Ohrenentzündung. Nach langer Beratung im Office wird eine Spezialklinik für HNO identifiziert. An einem Samstagmorgen fährt er ohne Anmeldung in dieses Krankenhaus.

Die Außentemperatur liegt bei 35 Grad, die im Krankenhaus bei 34 Grad. Die Menschenmenge dort ist vergleichbar mit der bei einem ausverkauften Bundesligaspiel in der Halbzeit. Alles rennt durcheinander. Mit seinen spärlichen Chinesischkenntnissen fragt er sich durch. Die Feinabstimmung dolmetscht ein chinesischer Kollege übers Handy. Das geht so, indem man den Funkkontakt aufrechterhält, mit dem Dolmetscher im eigenen Büro spricht und dann das Gerät der Krankenschwester oder dem Arzt reicht, die sich erklären lassen, was der Patient will. Dies erspart die ständige Begleitung durch den Dolmetscher. So ist das Hin- und Herreichen von Mobiltelefonen längst ein gewohnter Anblick.

Erste Frage: „Wollen Sie lokal oder international behandelt werden?“ „Was ist der Unterschied?“ „Das Honorar! Lokal: 1,45 Euro, international: 19,55 Euro.“

Der Mann aus Deutschland ist schon lange in China und hart im Nehmen. Er entscheidet sich für lokal. Nach der Ortsbesichtigung – 26 Behandlungsboxen, 26 Ohrenärzte – vor jeder Box circa 30 wartende Patienten und der Beobachtung, dass alle Patienten der Reihe nach mit dem gleichen Besteck behandelt werden – revidiert der Patient seine Entscheidung. Er bricht aus der Wartezone aus und meldet sich neu an. Diesmal „international“.

Am Counter leistet er Vorkasse. Dann empfängt ihn Dr. Dai in freundlichem Englisch. Behandlungsstuhl und Instrumentenboxen machen einen klinisch sauberen Eindruck.

Die Diagnose hört sich ebenso klinisch an. Der Arzt reinigt die entzündliche Otitis und verschreibt Antibiotika. Und wieder stellt er die Frage vor dem Marsch zur Klinikapotheke: „Lokal oder international?“ Diese Alternative betrifft das Präparat. Vier oder 25 Euro? Die Entscheidung des Österreichers ist spontan: „International, natürlich!“

Bei der Verabschiedung drückt Dr. Dai seinem ausländischen Patienten zwei Visitenkarten in die Hand. Er habe eine kleine, private Behandlungspraxis zu Hause für den Fall, dass es noch einmal Probleme mit den Ohren gebe. Zum Schluss fragt er noch „Lieben Sie Jazz?“ und weist auf die zweite Visitenkarte. „Ich spiele jeden Abend außer Samstag in diesem Restaurant Klavier. Würde mich freuen, wenn ...“ – Vom Schmerze befreit verlässt der Deutsche das Hospital. Auch dieses Erlebnis bestätigt: Die Chinesen bringen es zu was.

Entschuldigung auf Chinesisch

Wenn es so etwas wie Fürsorge der chinesischen Obrigkeit gibt, sucht sie sich lohnendere Objekte als die eigenen Leute. Die Langnasen oder Expats, wie man westliche Geschäftsleute in den Businessmetropolen nennt, bringen Geld ins Land. Man liebt sie nicht, aber man pflegt sie. Vor dieser Kulisse spielt das Erlebnis eines deutschen Geschäftsmannes, der nach einem Bierchen spätabends über die Plaza seines Wohnviertels schlendert. Er fällt in einen tiefen Schacht, weil wieder mal jemand den Gullydeckel geklaut hat, ein in China verbreiteter Sport.

Alteisenhändler zahlen fünf Euro pro Stück. Das Opfer erleidet einen Kieferbruch, bricht sich den Arm und hat mit einem erbärmlichen Geruch zu kämpfen, der ihm noch lange anhaften wird.

Die Lokalpresse berichtet auf der ersten Seite und prangert den verantwortungslosen Diebstahl von Gullydeckeln an. Die sind übrigens eine deutsche Erfindung und wurden vor hundert Jahren zur Abdeckung der von den Deutschen in Qingdao installierten Kanäle verwendet. Dort tragen sie noch heute ihre in den Guss geprägten Aufschriften in deutscher Sprache. Der Fall wird als schwerwiegend betrachtet, da es sich bei dem Opfer um einen Ausländer handelt. Sogar in Beijing meldet die Neue Hauptstadtzeitung „*Xinjingbao*“ den Verlust von über 20 000 Kanaldeckeln und richtet ein Lesertelefon ein, um über die Erlebnisse der Verletzten zu berichten, die in die Kanalschächte gefallen sind. Der stets erhobene Zeigefinger der Partei appelliert an das Gute im Menschen.

Wochen vergehen. Der deutsche Geschäftsmann erholt sich langsam. An einem späten Abend sitzen wir mit dem Rekonvaleszenten in dessen Wohnung. Da schiebt jemand einen dicken Umschlag mit einem Brief unter der Tür durch. Absender ist das örtliche Komitee der lokalen KP, das für alle Belange des Wohnviertels verantwortlich ist.

Nachdem der Umschlag umständlich entfernt ist, fallen etwa 20 Seiten Papier heraus. Vorlesen, fordern die Anwesenden und geben das Bündel an Ya Ya weiter, die Englisch spricht. Ya Ya ordnet die Blätter. Sie beginnt zu lesen. Laut!, rufen die anderen. Sie liest. Schweigend. Blatt für Blatt. Langsam eines nach dem anderen ablegend, vertieft sie sich in das Studium des inhaltreichen Konvoluts. Ihr Gesicht wirkt ernst. Lies laut vor, Ya Ya! Schweigend folgen ihre Augen jedem der Tausend Schriftzeichen mit allen Anzeichen innerer Erschütterung. Die Gäste um sie herum werden ungeduldig, ihre Bitten fordernder. Ya Ya, übersetz schon endlich! Nach einer Viertelstunde legt Ya Ya das letzte Blatt zur Seite und blickt verwirrt auf. „Was steht da drin?“, rufen die anderen. Ya Ya nimmt die Brille ab, konzentriert sich noch eine Sekunde auf die Übersetzung und antwortet „Solly for Gully!“

Schöner Wohnen

Shanghai verändert täglich sein Gesicht

In Architektur erstarrte Musik

Archimedes war kein Chinese. Aber China ist ein lebendiger Beweis für seine These, dass Druck Gegendruck erzeugt. 150 Jahre Fremdherrschaft und Unterdrückung haben emotionale, nationale und wirtschaftliche Potenziale gestaut wie der Drei-Schluchten-Damm die Wassermassen des Yangtse. Heute erinnert China die Welt daran, was sie im Begriff war zu vergessen. Porzellan, Buchdruck, Schießpulver und Kompass haben Chinesen erfunden, allen europäischen Geschichtsbüchern zum Trotz. Das Pulver, mit dem sie heute ihre wirtschaftlichen Explosionen zünden, ist Intelligenz, Fleiß und Willenskraft. Die Erinnerung an den Kotau und die Erniedrigung durch Europäer wirken wie Brandbeschleuniger. Wie der Ausdruck einer Befreiung wachsen Tausende zu Beton und Glas erstarrter Kristalltürme in den Himmel der Metropolen. Der Fernsehturm streckt seine gewaltige Kugel hoch über die ehemaligen Reisfelder von Pudong. In ihren rotgoldenen Scheiben spiegelt sich die aufstrebende Neustadt Shanghais. Poetischer umschreibt John Portman Shanghais neue Kulisse als „in Architektur erstarrte Musik". Chinas Archimedes ist Architekt.

Die Chinesen genießen das Staunen der Fremden, die heute China besuchen. Shanghai hat 16 Millionen Einwohner. Der Phantasie internationaler Bauingenieure setzt die Stadt keine Grenzen. In gewaltigen Bögen spannen sich vier bis fünf Straßenkreuzungen übereinander. Die großen Wolkenkratzerstädte der alten Welt wirken dagegen wie abgeerntete Stoppelfelder. „Shanghai ist die aufregendste Stadt auf dem Planeten“, schreibt die *Washington Post*. Für die Expo 2010 planen sie weitere Ungeheuerlichkeiten an Brücken und Bauten, die schon im Stadtentwicklungsmuseum am People’s Square zu besichtigen sind. Zwischen den himmelhohen Glasflächen in der Farbe der Jade kurvt ein dreiachsiger Schwerlaster mit Zwillingsbereifung durch die Straßenschluchten und transportiert ein einziges kleines Bäumchen. Der junge Wurzelballen ist liebevoll im Hanfnetz verpackt. Wohin nur damit?

Die Wucht des Kollektivs

Bei all der Gewaltigkeit, der selbstgefälligen Wucht des Kollektivs der über allem herrschenden KP, immer noch behaftet mit den alten Vertuschungsreflexen wie bei SARS und Hühnergrippe, scheint es den Menschen in China an dem Bewusstsein zu fehlen, dass sie in anderthalb Jahrzehnten die Wirtschaftsbosse der Welt sein sollen. Auf den öffentlichen Plätzen der neuen Wohnviertel findet man immer häufiger Bronzeplastiken, die spielende Kinder und behütende Eltern darstellen. Viele dieser überlebensgroßen Figuren tragen europäische oder amerikanisierte Gesichtszüge. So als wenn wir in Lüttringhausen oder Hamburg Plastiken aufstellten, die Chinesen darstellen, was vielleicht eine weit blickende Maßnahme sein könnte.

Der wichtigste Chinese aber, der mit den drei Buchstaben, lächelt immer noch von vielen Plakaten herab, steht als Riesenbronze auf wichtigen Plätzen und ziert jeden chinesischen Geldschein: Mao. So als wenn auf dem Rubel noch Stalin oder auf der alten Deutschmark der schnurrbärtige Massenmörder abgebildet wären. Mit Vergleichen ist man in China vorsichtig. Ausländer, die noch virulente Strukturen des Mao-Systems anprangern wollen, bevorzugen darum immer Stalin als negatives Beispiel. Das verletzt nur mittelbar. Dennoch wissen Chinesen augenblicklich, wer gemeint ist. Irgendwo war mal zu lesen: Der Kommunismus ist tot, aber seine Leiche wurde nicht gefunden.

Die wohlhabenden Chinesen bauen sich in Pudong kleine Marmorpaläste, innen und außen weiß, mit Schleiflackklavier aus Mahagoni, Superkühlschränken mit Crasher für Eiswürfel und mindestens einem dieser kinoleinwandgroßen Hitachi-Fernseher auf jeder Etage. Hausherr und Besucher sinken in riesige weiße Ledersofas. Der weiße Marmorboden und die fast nackten Wände lassen den Europäer frösteln. Das elektrische Garagentor und ein kunstvoll angelegtes Gärtchen regeln die Anmutung eines Gefrierfaches auf angenehme null Grad nach oben. Der Audi A6 mit hellen Lederpolstern stellt das mobile Pendant der chinesischen Auffassung von „Schöner Wohnen“ dar.

Peter B. dagegen, Chef der Niederlassung eines großen Automobilzulieferers, eine kunstsinnige Langnase, die auch Chinesisch spricht, sucht sich im alten französischen Viertel Shanghais eine Hinterhofwohnung am Ende einer Gasse, in der chinesische Schuster und Kesselflicker auf dem Boden hockend ihrem Handwerk nachgehen – und findet sie. Hinter einer zerfallenden Haustür führt eine schmale Stiege in lichte, hohe Räume einer alten Feudalwohnung, die vor 80 Jahren von französischen Kolonialherrschaften bewohnt wurde. Bäder mit alten Armaturen, wie sie die Bourgeoisie der Jahrhundertwende benutzte, Porzellanbecken mit feinen Haarrissen, dunkel gewachste Hölzer verleihen den Räumen den Charme ihrer Vergangenheit.

Das alte gusseiserne Fenster über die ganze Breite des Raumes lässt B. liebevoll aufbereiten mit Sandstrahl und schwarzem Lack. Ein chinesischer Tischler hat einen passenden Weinschrank gebaut. Die Räume sind voll mit chinesischen Altertümern. Eine Insel kultivierter Ruhe, die der Gastgeber mit eigenen asiatischen Kulinarien angenehm zu unterbrechen weiß. Von draußen dringen gedämpfte Klänge eines Hammers auf Blech herauf. Lärm auf der Gasse.

Besuch beim Hirsch Heinrich

Einer von Shanghais Montessori-Kindergärten liegt in einem Park mit kleinen Brücken. Rehe und Hirsche aus Gips bevölkern wie anatomisches Jägerlatein die Rasenflächen. Die kleine Lisa Marie aus Deutschland geht jeden Morgen ihren „Hirsch Heinrich füttern". Für den Besuch im Kindergarten, wo Montessori draufsteht, aber nicht drin ist, zahlen ihre Eltern 500 US-Dollar im Monat. 4000 US-Dollar legen sie für die Mitgliedschaft im feinen Shanghaier Raquet Club hin und weitere 160 Dollar im Monat dafür, dass sie seine Optionen nutzen dürfen. Die hohen Gebühren halten die falschen Leute fern. Am Abend treffen sich die gestressten Expats auf den Laufbändern des Fitness-Centers oder schlagen sich die Bälle übers Netz. Um die Kinder kümmern sich die hauseigenen Ayis. Ein künstlicher Strand entlang der Schwimmanlagen hält die Kleinen bei Laune, während die Mütter in den Shopping Malls oder Beauty Salons endlich einmal dazu kommen, ein Frauengespräch zu führen. Ein gutes chinesisches Restaurant gehört ebenso zur Anlage wie das Bistro im Untergeschoss, wo die Liebhaber von Grillhähnchen, Pizza und Pommes frites auf ihre Kosten kommen.

Das alte historische Shanghai bricht weg, wird wie eine Torte Stück für Stück säuberlich abgetrennt und planiert für weitere babylonische Wucherungen. Mit erstaunlicher Schnittpräzision durchschneiden die Komatsu-Bagger noch bestehende Häuser und lassen die Reste übrig, geöffnet wie Puppenstuben. Ein Manager der Dresdner Bank in Shanghai, übersetzt den Begriff Planfeststellungsverfahren auf seine Weise ins Chinesische: Ca Ter Pil Lar.

Der Tower von Pudong

Auf dem verbleibenden Raum leben Menschen im Freien. Wer in diesem Quartier morgens aufwacht und einen weißen Kreis auf der Haustür vorfindet, hat noch drei Monate

Zeit. Dann kommt der Bagger. Die Stadtverwaltung zahlt ihm umso mehr Entschädigung, je früher er eines der angebotenen Umsiedlungsquartiere annimmt. Lässt man den Termin verstreichen, gibt es kein Pardon. Dann ist man obdachlos. Dass man überhaupt diese Alternative hat, ist schon sozialer Fortschritt.

Aus den westlich gelegenen Tiefen des Riesenreiches drängen unaufhörlich neue Massen heran, die der Aussichtslosigkeit des Landlebens den Rücken kehren. An den Einfallstrassen der großen Städte hocken sie in aller Frühe und warten auf Tagelöhnerjobs. Bei schlechtem Wetter bedecken sie sich mit schwarzen Plastikplanen und könnten leicht für das gehalten werden, was man in Müllbeuteln vermutet. Der Druck auf die Städte ist groß. Die Wanderarbeiter kommen auf den Baustellen unter. Wer fragt nach Legalität?

Wie Fledermäuse hängen sie mit ihren Regenjacken an den Bambusgerüsten der Hochbauten. Tief unter ihnen die grauen Kollegen Maulwürfe in Steinkratern und Ausschachtungen, die die Betonrüssel in die Stahlmatten neuer Fundamente führen. Shanghai wächst wie eine Zellgeschwulst. Den Metastasen setzt der verkehrsreiche Wasserlauf des Huangpu Grenzen. Flussaufwärts führt er in den Yangtse hinein. Nur wenige Minuten vom Peace-Hotel an der Ecke zur Nanjing-Lu entfernt führt ein schnelles Boot in den unendlichen Frieden des alten China und seiner einzigartigen Flusslandschaft.

Am Abend ein Ausflug zum Jinmao Tower in Pudong. Einmal umsteigen auf dem Weg nach oben zum Grand Hyatt. Die Lobby ist eine Kuppel wie das Innere einer gewaltigen Kartuschenspitze von kathedralem Ausmaß. Konzentrisch verlaufen die Balkone für jede Hoteletage am inneren Rand der Kuppel entlang. Im Pub nebenan sitzt man an bodentiefen Fenstern und blickt über den Huangpu-Fluss auf Shanghai. Der Bund, die Flaniermeile am Fluss, flimmert. Da fragt einer, wo ist der Fernsehturm? Der muss eindeutig in der Blickrichtung vom Grand Hyatt zum Bund liegen. Nun ist er weg. Die Spitze oberhalb der großen Glaskugel steckt in Smog und Dämmerung.

Die Shanghaier Stadtteile Pudong und Puxi sind die hot spots der Spekulation. Erst im März 2005 führte die Stadtverwaltung von Shanghai eine Kapitalertragssteuer für Immobilienverkäufe ein, wenn die Objekte kürzer als ein Jahr im Besitz der Verkäufer waren. Über diese 5,5 Prozent capital gain tax lachen Veräußerer und Käufer gleichermaßen, da etwa 80 Prozent der Luxusappartments von Ausländern oder Chinesen aus Hongkong und Taiwan gekauft werden. Um 500 000 Menschen wächst die Stadt jährlich. Im Sommer 2005 leben fast 18 Millionen Menschen in Shanghai.

Auch wenn sich die Immobilienpreise zwischen 1999 und 2004 in den Metropolen fast verdoppelt haben, liegen sie aktuell gerade auf dem Niveau des Boomjahres von 1995. Der Shanghaier Immobilienmarkt wird noch ein paar Mal öfter ein- und ausatmen und dabei viel Luft ablassen.

Real Estate

Chinesen und Ausländer, denen die betonierte Modernität nicht geheuer ist, blicken gern zurück auf Shanghais „kultivierte Vergangenheit. Leidenschaftlich berührt von der historischen Architektur würden sie gern ein Stück davon besitzen“, schreibt Miriam Rayman im Real Estate Guide 2004. Einigen gelingt die liebevolle Restaurierung der alten Bausubstanz, die ihren Charme aus einer „Mischung zwischen westlicher und chinesischer Architektur“ der Jahrhundertwende bis Mitte der dreißiger Jahre bezog. Die alten Straßenfronten wurden fürs Auge gebaut, nicht für die Ewigkeit. Unter einer halben Million Dollar ist in dem restaurierten Viertel „Shikumen“ kein Apartment zu bekommen. In den Heping Mansions wurden gerade Apartments für einen Quadratmeterpreis ab 25 000 RMB verkauft. Große Freiheiten haben die restaurierenden Architekten nicht. Chinesische Bauvorschriften legen fest, dass alle Toiletten und Bäder innerhalb eines Hauses untereinander angeordnet sein müssen. Die geruchsintensiven Erinnerungen an mangelhafte Abdichtungen der transversalen Rohre in den Zwischenböden sind noch zu frisch.

Westliche Manager und ihre Familien machen es sich in den „Compounds" der Vororte bequem. Heidemarie aus Solingen und Gulnara aus Kasachstan plaudern auf der Parkbank des Spielplatzes, während sie Timmi und Benno im Sandkasten beaufsichtigen. Griechisch anmutende Säulen tragen die geschwungenen Balkone der Villen. Parkettboden auf 180 Quadratmetern Wohnfläche und drei Bäder sind Standard. Ab 2500 US-Dollar aufwärts pro Monat findet man hier angenehme Nachbarschaft. Gekocht wird mit Gas, geheizt mit Strom, was kein Druckfehler ist. Morgens um acht strömen Hunderte Chinesinnen und Chinesen an der Wache vorbei und übernehmen den Job der Heinzelmännchen.

Vincent van Gogh in Shanghai

Für oft weniger als 1000 RMB, also 100 Euro im Monat, werden die westlichen Babys geschaukelt, die Gärten geharkt und bewässert, neun Stunden am Tag, bis sich abends wieder der Schlagbaum öffnet. Die uniformierten Wachhabenden blicken verachtungsvoll von ihrem erhöhten Podest. Passiert aber ein Auto der Bewohner die Wache, nehmen sie Haltung an und salutieren. Es soll nicht verschwiegen werden, dass es immer noch einige wenige weiße Herren, aber auch Damen aus dem Westen gibt, die sich etwas von den morbiden Gepflogenheiten der Kolonialisten bewahrt haben. Sie klopfen nicht mehr mit der Reitgerte an ihre Lederstiefel. Aber die schneidende Stimme einer aufgeregten Amerikanerin lässt manche Ayi (Hausmädchen) die Beine in die Hand nehmen.

„Green, Spring, Dawn", leuchtet in englischen und chinesischen Lettern auf einer riesigen Werbetafel an der hoch gelegten Yan'an Stadtautobahn. Das Plakat weist auf ein weiteres der vielen Prestigeobjekte Shanghais zum Wohnen im Grünen hin. Für die meisten aller Chinesen ein Traum, den sie sich nie erfüllen können. Ist etwas überhaupt ein Traum, zu dessen Voraussetzungen die Möglichkeit gehört, eine je gesehene Vorstellung von dem zu haben, was Green, Spring und Dawn sein könnten? Hat jemand, der sich in den dunklen Gassen des Altstadtviertels neben seinen Drahtesel zum Schlafen legt, Träume? Wer es als Ausländer schafft, in diese Tonne der Genügsamkeit eines Diogenes eingeladen zu werden, erlebt ein China, das ihn für immer verändert. Am Ende des Jahres 2004 wirbt Shanghai für seine Van-Gogh-Ausstellung. Die Unterführung vom Peace-Hotel zum Bund ist von großflächigen Diapositiven der sommergelben Explosionen des Megamalers erleuchtet. Die Chinesen erstarren vor den Preisen für einen van Gogh mehr als vor seiner Kunst. Das Gigantische, Monumentale gibt ihnen den Kick. Sie kennen nicht die winzige Sterbekammer mit der klapprigen Dachluke der Auberge Ravoux im französischen Auvers, wo der holländische Rotschopf armselig verreckte.

Wei-Jiang, dem wir in seine Zwanzig-Quadratmeter-Wohnung folgen, zeigt uns seine Kalligrafien. Der selbstständige Straßenverkäufer seiner eigenen Tuschmalerei führt abends im Licht einer Funzel den Pinsel. Die zugespitzte Quaste nässt er auf dem Speckstein und lässt sie senkrecht aus lockerer Hand in Auf- und Abschwüngen über das Papier gleiten. Aus einem Schwung zaubert er dicke und haarfeine Linien. Seine Frau bemalt Fläschchen von der Größe eines Flakons von innen. In den Touristenshops werden die Miniaturen bewundert. Der zusätzliche Verdienst soll den Erwerb eines Motorrads ermöglichen. „Mein Mann ist dann schneller von der Arbeit zurück. So schaffen wir am Abend mehr“, erklärt die Künstlerin. Wohl alle Maler haben arm angefangen. Wir trinken einen Reisschnaps. „Was würden Sie sich an Veränderung in Shanghai wünschen?“ „Dass wir unsere eigene Kochstelle haben, die wir nicht mehr mit den Nachbarn teilen müssen. Noch schöner wohnen können wir uns dann kaum vorstellen.“

Politische Ansichten

Liebe im Stehen

Kapitalismus und Kommunismus heiraten aus Vernunft

Die chinesische Variante von KuK hat mit der königlich-kaiserlichen Monarchie von Österreich-Ungarn nichts zu tun. Die Vermählung der Kommunistischen Partei Chinas mit dem Kapitalismus ist keine Liebesheirat. Sie erfolgt aus Vernunft. Und auf Drängen der Eltern, wenn man Deng Xiaopings ehrenvolle Vaterschaft so würdigen möchte. Die Verbindung folgt einem einzigartigen Ehevertrag aus Grundsätzen und Beschränkungen. Immer noch gibt es ideologische Gütertrennung, und doch kann man von einer wirtschaftlichen Zugewinngemeinschaft reden. So etwas gibt es nur in China. Und wie in jeder Ehe gibt es auch Tabus.

Die Tabus erinnern an die Geschichte eines Hochzeitspaares, das zum Rabbiner kommt, um zu fragen, ob man anlässlich des Festes nicht auch ein wenig tanzen dürfe zum Abend. „Tanzen?“ Der Rabbi ist entsetzt. Tanzen passt auf keinen Fall zum Ernst des Ereignisses. Das junge Paar fragt, wie es dann mit der Liebe stehe. „Der Liebe steht nichts entgegen“, sagt der Rabbi, „erstens ist die Hochzeit gefeiert, und zweitens dient die Liebe dem Kinderkriegen.“ Den Vermählten reicht das noch nicht. Ob man die Liebe auch in dieser und jener Stellung betreiben dürfe. Der Rabbi hat keine Einwände. Selbst wenn der Mann so und die Frau so, und es folgen einige artistische Vorschläge der jungen Leute. „Im Talmud steht nichts dagegen“, sagt der Rabbi. Dann sei es sicher auch erlaubt, Liebe im Stehen zu machen. „Auf keinen Fall“, wehrt der Rabbiner ab, „Liebe im Stehen kann zum Tanzen führen.“

Das zweite K ist ein Gewinn

Die Freiheiten der Liebe stehen für die des Kapitalismus in China. Das Ergebnis des Kinderkriegens entspricht dem erwünschten wirtschaftlichen Erfolg. Das Tanzverbot ist die Tabuisierung jeglicher Kritik an den Grundüberzeugungen der KPC, die ihre Machtfülle hütet wie einen Ballon vor Stacheln. Kapitalismus und Kommunismus haben in China auch ohne erotische Stimulation bemerkenswert gesunde Kinder zur Welt gebracht. Die wirtschaftliche Entwicklung der Volksrepublik nach 1980 ist ohne Vergleich in der Geschichte. Das andere Riesenreich, das auf demselben Kontinent seine ideologische Metamorphose zehn Jahre später beginnt, hat sich durch die vollständige und abrupte Umwandlung des Kommunismus zum Kapitalismus den ungezügelten Kräften des Marktes ausgesetzt. Der Verlust des zweiten „K“ hat zu erheblichen Verwerfungen im wirtschaftspolitischen Leben Russlands geführt.

Vor den Geistern der Demokratie, die Gorbatschow und Jelzin riefen, hat Wladimir Putin wenig Respekt. Die Notbremse zieht in Russland immer noch der Chef selbst und steckt auch mal den Reichsten seiner Oligarchen ohne Gerichtsurteil für unbestimmte Zeit in die „Matrosenstille“, wie das berüchtigtste Gefängnis in Moskau heißt. Der Kapitalismus ist ein wildes Tier. Der Kapitalismus ist Darwinist. Und der Darwinismus ist die Lehre von der Evolution. Nur linke Intellektuelle attestieren der Bestie gern eine Fratze oder ein unmenschliches Gesicht, als ob sie ihr schon mal persönlich begegnet wären. Dabei fehlen dem Biest nur die Kette, die Kontrolle und das Korrektiv. Das zweite „K“ eben, das in China auf so wundersame Weise das Monstrum zähmt, bis ein anständiger Käfig aus funktionierender Rechtsordnung gebaut werden kann.

Der Kommunismus garantiert in China eine Kontrolle der Marktkräfte. Im Hinblick auf eine Zweidrittelmehrheit der Landbevölkerung westlich der industrialisierten Küstenzonen bemüht er sich um Ausgleich und Annäherung der unterschiedlichen Geschwindigkeiten von Wachstum und Wohlstand. Es gelingt ihm nicht. Aber noch kann er die sozialen Folgen mildern und revolutionäre Erosionen glätten. Vor diesem Hintergrund für China die uneingeschränkte Einführung der Demokratie zu wünschen, kann nicht im Interesse des inneren Friedens für 1,3 Milliarden Menschen sein. Noch nicht. Das Gespenst der Bürgerkriege haben die Chinesen nicht vergessen. Darum arrangieren sie sich mit dem KuK-System. Wie variabel und pragmatisch die Partei sein kann, wird am Beispiel Hongkongs deutlich. „Ein Land, zwei Systeme“ heißt nichts anderes als „Wenn es dem Geschäft nützt, kann die Dose jeden Inhalt haben. Nur das Markenlabel mit dem K darf nicht verändert werden.“

Veränderungen am Logo darf keiner merken

Auch das Label von Coca-Cola hat sich nie verändert. Und das von NIVEA nicht, oder? Marken müssen unverändert bleiben. Welch ein Irrtum! Jahrzehnte lang arbeiten Designer und Grafiker an den vertrauten Logos großer Unternehmen. Sie verändern sie alle paar Jahre mit enormem Kostenaufwand, nähern sie nur marginal neuen ästhetischen Kriterien an, nur der Verbraucher darf nichts davon merken. Die kommunistische Partei Chinas hat seit 1979 nichts anderes getan, als ihrem Joint Venture mit dem Kapitalismus Glanzlichter aufzusetzen. Ihr Markenlabel KPC ist zum Synonym für Kontinuität und Verlässlichkeit geworden. Der Grund für diesen pragmatischen Merkantilismus wird wiederum im Vergleich mit Russland deutlich.

Schon Peter der Große traute seinen Russen nicht viel zu und machte sich auf die Reise nach Westen. In Holland und Deutschland fand er begabte Handwerker und Ingenieure, die in der Lage waren, seinen Traum von Petersburg zu realisieren. (Er hätte die übrigens auch in China gefunden. Nur östlich des Ussuri hatte er keine Ambitionen oder kein Navigationssystem). Die folgenden Zaren und ihre Aristokratien haben es dann wieder mit ihren Russen versucht, denen sie aber in der Leibeigenschaft nur wenige Möglichkeiten zur Entfaltung ließen. So blieb bemerkenswert aus diesen Zeiten nur, was die orthodoxen Kräfte der Kirche an sakraler Architektur geschaffen haben. Den unsterblichen literarischen Ruhm Russlands haben Puschkin, Tolstoi und Dostojewski begründet. Wirtschaftlich haben die Russen nichts auf die Beine gestellt.

Als Nikolaus II. zu begreifen begann, dass sein Land ökonomische Perspektiven für die Zukunft braucht, kamen stattdessen 1917 Lenin und die Bolschewiken. Fast hundert Jahre Bolschewismus haben fünf Generationen um das Wenige, das sie hatten, und noch dazu um den Verstand gebracht. Wie man ein Geschäft aufbaut, wissen auch heute in Russland nur wenige. Es sind die Geschäftemacher, die dem

Land den Anschein geben, es habe Anschluss an die Gepflogenheiten ordentlicher Kaufmannschaft gefunden. Zu Tausenden tragen sie ihre Zobel in St. Moritz und ihre Haut in Malaga zu Markte. Die Juweliere in Luzern und Baden-Baden lassen Russisch sprechen. Und die Witwen des alten westeuropäischen Geldadels tuscheln sich die Frage zu: „Wo haben die bloß das Geld her?“ Arbeit kommt ihnen dabei zuletzt in den Sinn.

Tausend Jahre Handelserfahrung

In China dagegen hat es bis 1949 unzählige Generationen von Händlern, Kaufleuten und Fabrikanten gegeben. Die Mathematik war ihnen so geläufig wie das Verständnis für Bilanzen. Viele von ihnen leben noch und haben konkrete Erinnerungen an die Arbeit und Geschäfte der Eltern und Großeltern. Millionen von Chinesen haben nach 1949 ihre Heimat verlassen und sich als Händler und Kaufleute in der ganzen Welt durchgeschlagen. Die „Chinatowns“ in San Francisco, New York und London sind lebendige Zeugnisse

chinesischer Handelsfreude. Mehr als zwei Drittel der Privatwirtschaft Indonesiens, Thailands und Malaysia sind in chinesischer Hand. Ihr Business-Netzwerk reicht bis Südafrika und die benachbarten Inseln.

Und schließlich sind es Hongkong und Taiwan, die schon vor drei Jahrzehnten europäische und amerikanische Konkurrenz das Fürchten lehrten. Chinesischer Fleiß, Willenskraft und Einfallsreichtum haben die Wirtschaftswelt verändert. Weder Bedrohung noch Kalter Krieg, geschweige denn militärische Aggressionen, gingen jemals von China aus. Die zerstörerischen Prozesse nach innen wurden auch hier, wie 1917 in Russland, von den Ideen der Deutschen Marx und Engels eingeleitet. Lenin und später Stalin haben das leere Stroh an China geliefert, und Mao hat es gedroschen. Die letzte Spreu zündete er 1966 während der Kulturrevolution in den Köpfen der Roten Garden an. Für ein Strohfeuer hat dieser pathologische Zustand allerdings zu lange gedauert.

China hat gelitten. Aber man darf nicht vergessen, dass es ein Leben vor dem großen Führer Mao, vor seinem Gegenspieler Tschiang, vor der Zeit der Engländer und Japaner, den Opiumkriegen und der Herrschaft der Warlords gab. Das Erbgut eines hoch entwickelten Handelsvolkes konnte in den drei Jahrzehnten von 1949 bis 1979 nicht aus der mentalen DNA eliminiert werden. Dazu waren auch die verwandtschaftlichen Beziehungen der Menschen im Mutterland zu den Chinesen in Amerika oder jenseits der Taiwanstraße zu stark. Heute sind sie es mehr denn je.

Wer also Angst vor Chinas Kommunismus hat – und die Investoren aus der freien Welt haben das offenbar nicht –, sollte es mit Konrad Seitz halten, der von 1995 bis 1999 deutscher Botschafter in China war: „In China muss man nicht nur hören, was gesagt wird, sondern beobachten, was getan wird.“ In den auch politisch erstarkten Wirtschaftssonderzonen, in Shenzhen, Hongkong, Shanghai, Guangzhou, lässt man sich von Peking nicht so leicht in die Suppe spucken. Und aus der Liebe im Stehen zwischen Kapitalismus und Kommunismus ist längst eine unbefangene Tanzerei geworden, die man für die Zeit von Volks- und Parteikongressen für Augenblicke unterbricht.

Am Ende des Tages haben die heißen Aufgüsse auf immer dieselben Teeblätter die Brühe in den Einmachgläsern der Werktätigen blass werden lassen. Zum Ende der Schicht ist aus dem grünen Tee weißer Tee geworden. Der soll zum Abend beruhigend wirken. Der immer wiederkehrende Aufguss der Parteiparolen hat den Glanz des roten Morgens längst verloren.

Karl Marx hat keine Zähne mehr

Von allen Religionen, deren Kirchen sich im Zuge der Aufklärung selbst entleert haben, bleibt der Kommunismus in China eine Glaubensfestung. So hat es von außen den Anschein. Im Inneren feiert er ein pragmatisches Fest der Befreiung von Scheuklappen. Der nationale Volkskongress verabschiedete die vierte Verfassungsänderung in der Geschichte des sozialistischen Chinas. Im März 2004 einigte sich der Kongress nach einigen ideologischen Turnübungen gegen nur zehn Stimmen auf eine Totalextraktion bei Karl Marx. Der Schutz privaten Eigentums und die Achtung der Menschenrechte wurden in die Verfassung der Volksrepublik übernommen. Der Unsterbliche aus Trier wird auch das überleben, aber er hat keine Zähne mehr.

Aufgeklärte, aber linientreue Editoren arbeiten an einer Ausgabe, die in zehn Bänden den Marxismus-Leninismus von unzeitgemäßen Inhalten reinigen sollen. Parteichef Hu Jintao begleitet diese Arbeit mit spitzen Fingern, nachdem sich bereits sein Vorgänger Hu Yaobang selbige 1983 zum 100. Todestag von Karl Marx verbrannt hatte. Damals forderte der Chef der KP eine Überarbeitung der Trierer und Wuppertaler Hinterlassenschaft, da Marx und Engels ja nicht hätten ahnen können, welchen politischen, sozialen und technologischen Veränderungen die Welt noch unterliegen würde. Ein Sturm dogmatischer Entrüstung fegte Hu Yaobangs Gedanken ins Gelbe Meer. Viele befürchteten, es werde noch einmal Hunderte von Jahren dauern, bis die roten Päpste akzeptieren würden, dass die Erde rund ist. Ihr schwarzer römischer Kollege hatte ja auch soeben erst Galileo Galilei rehabilitiert.

Hu Jintao lässt nun, bereits zwanzig Jahre später, unter dem programmatischen Begriff „Neue Entwicklung der Philosophie- und Sozialwissenschaften“ ein Werk vorlegen, dass den Spagat zwischen Realität und Ideologie einigermaßen sauber vorführen soll. Eine A-Note kann auch dabei nicht herauskommen. Zu viele Regelwerke unter den Einflüssen Li Pengs, Jiang Zemins, Maos und Deng Xiaopings beschweren das Werk in den Fußnoten. Der geistige Vater wird, solange es sich um nur ideologische Evolutionen handelt, per DNA-Test stets nachweisbar bleiben. Immerhin finden westliche Beobachter heute den Begriff der Menschenwürde in den neuen Koordinaten chinesischer Dogmatik. Der Artikel 33 der Verfassung ist ein Startsignal. Man wird Geduld haben müssen, bis die Menschenwürde über die Ziellinie in den Alltag chinesischer Rechtsprechung gelangt ist.

Bis dahin stehen dem Artikel 33 einige Strapazen bevor. Die Chinesen gerieten im Angesicht dieser neuen Bestätigung ihrer Würde keineswegs in Verzückung. Schon früher wurden ihnen Rede- und Religionsfreiheit garantiert. Aber wenn es drauf ankommt, backen sie in der Auseinandersetzung mit der Allmächtigkeit des Staates immer noch kleine Brötchen. Die Praxis überholt die Theorie auch auf diesem Feld. Die wachsende Zahl der Bürgerrechtler aber wird die versprochenen Menschenrechte in kleinen Schritten zu testen wissen. Begleitet von der internationalen Presse und im Licht der Weltöffentlichkeit hat diese zarte Rechtspflanze eine Chance auf Leben und Wachstum.

Die Macht lebt von der Herrlichkeit

Die Annäherung an allgemeine Wahrnehmungen ist lange überfällig. Aber hartnäckig hocken die alten Politkommissare wie Krähen auf den politischen Telefonleitungen und behindern den Fluss der Elektronen. Ihrem ideologischen Gekrächze schenken immer weniger Menschen Aufmerksamkeit. Die wirtschaftliche Wirklichkeit bedient sich moderner Satelliten zur Übertragung ihrer Akquisitionen, Aufträge und Abrechnungen. Daten und Fakten bestimmen den chinesischen Alltag. Die Boomtowns Shanghai, Nanjing, Beijing, Dalian und viele andere sind keine Kaderküchen mehr. Rote Soße gibt es nur noch an ideologischen Festtagen.

Obwohl noch etwa 70 Prozent aller Betriebe in staatlichem Besitz sind, wächst das Potenzial neuer Einstellungen am schnellsten in der privaten Wirtschaft. Die Regierung weiß, dass sie die Stabilität der Entwicklung und damit die Einheit der Partei nur gewährleisten kann, wenn sie dem wachsenden Druck der Arbeitsuchenden Möglichkeiten zur Beschäftigung eröffnet. Millionen drängen vom Land in die industriellen Ballungszentren. Die maroden Staatsbetriebe können sie nicht aufnehmen. Im Gegenteil, dort werden zunehmend Arbeitsplätze abgebaut. Bleibt also nur die wachsende private Wirtschaft, die darum politische Unterstützung erfährt.

Die verfassungsmäßige Sicherung des privaten Eigentums folgt also nur einer unabwendbaren Notwendigkeit und erfüllt die pragmatische Logik des großen Türöffners Deng Xiaoping. Dem war es egal, welche Farbe eine Katze hatte, sofern sie nur Mäuse fing. Die Kommunistische Partei Chinas begreift immer schneller, dass sie für die sich rapide verändernden wirtschaftlichen und gesellschaftlichen Prozesse nur noch ein ideologisches Gebäude bietet: Mauern aus Papier zum Schutz einer kontinuierlichen, ungestörten Wirtschaftsentwicklung. Die Legimitation der KPC würde mit einer Destabilisierung dieses Prozesses zerbrechen. Die Macht in China lebt von der Herrlichkeit.

„Revolution ist unmöglich …

… bis sie unausweichlich wird."

(Leo Trotzki)

Es ist eine verbreitete Angewohnheit, mit Zitaten zu arbeiten, deren Botschaft einem selbst nicht abgenommen würde. Dies galt besonders in Maos China, wo sein rotes Büchlein wie ein Gebetbuch herumgetragen wurde. Ist Revolution in der Volksrepublik China erneut möglich? Und ist Revolution ein Kriterium, das für Investitionsentscheidungen des internationalen Kapitals eine Rolle spielt? Historiker würden zurückschauen und die Anlässe für Chinas Revolutionen in der Vergangenheit analysieren. Investoren in China handeln nach den Kriterien Glaube, Vision, Hoffnung. Dabei ist Planung nur eine Funktion des Glaubens. Investoren schließen Revolutionen aus. Nach internationalem Recht fällt Revolution unter die Naturkatastrophen. Gegen höhere Gewalt kann sich niemand versichern.

Fragen wir zuerst den Historiker: Die „Weiße-Lotos-Revolution" von 1796, vor allem die Taiping-Revolution, die 1850 begann und in fast anderthalb Jahrzehnten 30 Millionen Tote forderte, waren in der Geschichte Chinas ohne Vergleich. Die Kulturrevolution von 1966 bis 1976 heißt nur Revolution. Sie wurde von Mao angezettelt und angeheizt. Was unten war, spülte nach oben. Soziologische Schaumbildung aus Blähungen und Dreck. „Je mehr eine Regierung den Pöbel hofiert, desto eher droht ihm die Herrschaft desselben", sagt ein Mitglied der KP in China, ein Satz, der jeden europäischen Politiker das Amt kosten würde.

Auch die Ereignisse 1989 und ihr blutiger Höhepunkt auf dem Tiananmen-Platz waren keine Revolution, hätten aber eine auslösen können, deren Folgen unabsehbar gewesen wären. Die Frage, ob China ohne die blutige Niederschlagung des Studentenaufstandes die erfolgreiche wirtschaftliche Entwicklung der letzten Jahre nach 1989 hätte fortschreiben können, unterliegt einem offenbar weltweit gültigen journalistischen Tabu.

Über die stillen Revolutionen kann man unverfänglicher reden: Die Wiederherstellung der individuellen Würde durch Mao (wenn er sie auch schnell wieder einzuschränken wusste) vergessen ihm die Chinesen nie. An der Wende zum 20. Jahrhundert waren fast alle chinesischen Hafenstädte von Europäern, Russen, Japanern und Amerikanern besetzt. Es gab Parkanlagen mit Schildern „Zutritt für Chinesen und Hunde verboten“. Mao war es, der sein Volk aus einer 150 Jahre dauernden Erniedrigung emporgehoben hat.

Vor diesem Hintergrund versteht man die anhaltende Anhänglichkeit der Chinesen zu ihrem großen Führer besser. Seine Präsenz ist immer noch offensichtlich. Die Massen haben ihm verziehen, dass er auch Massen auf dem Gewissen hat. Denn seine Fehler waren chinesische Fehler. Nicht die von langnasigen Kolonialisten, Exploratoren und Opiumdealern unter dem Union Jack. Spüren konnte man das explosive Gemisch aufgestauter Demütigungen noch 1997 bei der Rückgabe Hongkongs ans „Mutterland“. Inzwischen ist auch diese Euphorie der Realität gewichen.

Ein anderer bedeutender Umbruch war die „industrielle Revolution“, für die Deng Xiaoping 1976 die Voraussetzung schuf. „Die Wahrheit in den Fakten suchen“ war seine Devise.

Seit 1946 bestand alle chinesische Wahrheit allein in den Evangelien der drei Apostel Marx, Lenin und Mao. Vorstöße, Wahrheit neu zu definieren, mussten im roten Katechismus belegbar sein. Deng war ein Fuchs. Er kannte die Stelle genau, wo Mao wenige Jahre zuvor notiert hatte: „Praxis ist das einzige Kriterium der Wahrheit.“ Dieses Wissen konnte einem in China das Leben retten.

Neben der industriellen Revolution fand jedoch eine andere Entwicklung statt, ebenfalls von Deng Xiaoping angestoßen, die historisch unter „Reformen“ verbucht ist. Diese milde Bewertung verdient sie einem Umstand, der im Charakter der Menschen auf dem Land zu suchen ist: bei den Bauern. Sie haben von den friedlichen Revolutionen Chinas die bedeutendste und nachhaltigste hervorgebracht, einen wirklich umwälzenden Prozess von unten nach oben.

In der Partei hatte sich das Ergebnis niemand träumen lassen, als Deng vorsichtig die Gleichmacherei der ländlichen Arbeitskollektive aufweichte. Die katastrophalen Ernteerträge unter gleichen Lohnbedingungen für Faule wie Fleißige konnten schlechter kaum sein. Deng gab den Produktionsgruppen kleine Freiheiten zur Selbstorganisation. Er führte Leistungsanreize ein. Im Verlauf seiner Reformen von 1979 bis 1983 zwang er die Bauern zur Abgabe bestimmter Mengen an Getreide und anderer Erträge an den Staat und beließ ihnen die Überschüsse. Nachdem diese Strategie in Anhui und Sichuan auf Anhieb Erfolge brachte, erweiterte er die Regelung auf das ganze Land.

Mit ihren freien Ernteerträgen trieben die chinesischen Bauern Handel. Aus dem Nichts blühten Hunderttausende von Marktplätzen in China auf wie Blumen nach einem Regen. Die alten Herren in Partei und Volkskongress rauften sich die Haare. China hatte eine „freie Marktwirtschaft“. Die Bauern verdienten Geld. Sie brauchten Saatgut, Kleidung, Kühlschränke und Fernseher. Sie waren es, die der industriellen „Revolution“ den Turboeffekt verliehen. Sie waren der Kompressor, der den chinesischen Wachstumsmotor auf Hochtouren brachte. Wer den Orden Revolutionär unter semantischen Bedingungen vergeben will, kann ihn nur den Bauern an den Rock heften. Und Deng Xiaoping.

„China helfen heißt, dir selbst helfen“, sagte Deng. Dass dabei der Einfluss der Partei schwinden würde, wenn alle sich selbst helfen, konnte er nicht übersehen. Ganz langsam löste er so auch einen Prozess vom totalitären Anspruch der

KP zu autoritärem Selbstverständnis aus. Noch wenige Jahre zuvor hatte Mao geschrieben: „Revolution ist Aufstand und ein Akt der Gewalt, mit denen die eine Klasse die andere unterwirft.“ Deng beließ den alten Maoisten ihre Lieblingsvokabel Revolution, gab ihr aber eine weichere, intelligentere Definition: „Chinas Revolution heißt Reform.“ Zum Erfolg Dengs schreibt Gordon S. Chang: „Die Regierung (Chinas) hat dazu nicht das Geringste beigetragen. Sie ist nur aus dem Weg gegangen.“

Eine Revolution steht noch aus, sagen chinesische Dissidenten und jeder weiß, was die „Neuen Linken“ meinen. Demokratie ist heute noch ein Mythos, den die Menschen auf dem Land nicht verstehen. Hatten sie je eine Wahl? Das russische Beispiel zeigt der Welt und der KPC, was mit einer sozialistischen Volkswirtschaft passiert, wenn über Nacht alle Korsettstangen herausgezogen werden. Mit Entsetzen blickten Chinas Herrscher auf die alten Freunde, wo sämtliche wirtschaftlichen Strukturen aus dem Leim gegangen wären, wenn nicht die Mafia ihr verlässliches Beziehungsgeflecht als Gerüst angeboten hätte.

Gleichwohl geben auch im China von heute immer noch Hunderttausende von korrupten Parteibonzen, besonders auf dem Land, den Ton an. Landen wirklich mal einige im Gefängnis, kann man davon ausgehen, dass sie zu den politischen Feinden einer höheren Parteiebene gehörten. Auf allen Ebenen der Partei verschwenden Funktionäre fremdes Geld, da sie eigenes noch nie mit ihrer Hände Arbeit verdient haben.

In unter der Hand weitergereichten Flugblättern, die nach dem Ereignis vom Juni 1989 erschienen, war zu lesen: „Das Ende der Kommunistischen Partei Chinas wird nicht durch Kräfte von außen, sondern durch die eigenen Mitglieder herbeigeführt werden.“ Vielleicht wird das eine Variante der nächsten Revolution sein. Mariano Azuela sagt: „Es sind Denker, die eine Revolution vorbereiten, aber Banditen, die sie ausführen.“ Dem antwortet Gordon S. Chang in seinem

Buch „The Coming Collapse of China“ auf entmutigende Weise: „Die Chinesen brauchen keine Denker für die nächste Revolution, die Banditen unter ihnen haben bereits zu handeln begonnen.“

Menschenrechte auf Langeoog

Was Mr. Wang aus Shanghai an Deutschland stört

Wenn Mr. Wang im Sommer Deutschland besucht, liebt er es, einen Abstecher nach Langeoog zu machen. Auf dem menschenleeren Oststrand der ostfriesischen Insel sitzt er gern allein im warmen Sand und hält sich die Ohren zu. Mr. Wang hat seine 40 Lebensjahre in Shanghai verbracht. Hier auf der Insel, zwischen Himmel und Wattenmeer, verschwimmt der Horizont in konturloser Weitläufigkeit. Mr. Wang hält sich die Ohren zu, weil er die Stille nicht ertragen kann. Es ist ein wunderbarer Schmerz, sagt er.

Beim Abendessen im „Strandkorb" lässt es sich nicht vermeiden, dass sich unter die Gesellschaft seiner Geschäftsfreunde ein deutscher Lehrer mischt, der angesichts eines richtigen Chinesen das Thema auf die Menschenrechte in China bringt. Mr. Wang kann sich nun die Ohren nicht zuhalten, und er muss die Stille ertragen, die dieser Frage gewöhnlich folgt.

„Wissen Sie", sagt er „ich verbringe zwischen meinen Terminen in Deutschland viel Zeit in Hotels. Um mein Deutsch zu verbessern, sehe ich gerne fern. Und ich weiß, dass Millionen deutscher Kinder unkontrolliert und ungefiltert sehen können, was aus diesem Kasten herauskommt. Ihre kleinen Köpfe sind wie leere Häuser mit offenen Fenstern. Dort hinein werfen deutsche Sender unsägliche Massen von Müll. Haben Kinder in Deutschland keine Menschenrechte? Kann das der Grund sein, warum sie die 26 Buchstaben des deutschen Alphabets nicht mehr in ihre Köpfe bekommen? Weil da ‚Besetzt' dransteht?"

Der Lehrer im Strandkorb ist verwirrt. Mr. Wang aus Shanghai kommt aber gerade erst in Form: „Eine pädagogische Reform jagt die andere, um deutschen Kindern das Aufschreiben ihrer 26 Buchstaben zu erleichtern? Ich selbst habe in Bochum die deutsche Schrift in allen gängigen Variationen gelernt. Jetzt sehe ich, dass die deutsche Schreibschrift für Schüler in die „vereinfachte Ausgangsschrift“ geändert wird. Eine Lehrerin erzählt mir von Experimenten, im ersten Schuljahr mit großen Druckbuchstaben zu beginnen, da sie sich den Kindern visuell leichter erschließen.

Als ich Deutsch lernte, hatte ich nie den Eindruck, dass Ihre Schrift so kompliziert ist. Umso größer meine Verwunderung über die deutsche Rechtschreibreform, die eine lebendige Sprache amtlich vergewaltigt. Mein liebstes Buch in Deutsch waren die „Buddenbrooks“ von Thomas Mann. Den größten Teil meines wirtschaftlichen Verständnisses verdanke ich diesem Roman. Das mag Sie verwundern.

Viele deutsche Kinder können nicht mehr rechnen, wie mir auffällt. Man gibt dieser Unfähigkeit einen Namen, der sich wie eine Krankheit anhört: Dyskalkulie. Als wenn man das auf Krankenkasse behandeln könnte. Immer mehr Schüler lassen sich als staatlich geprüfte Legastheniker registrieren, um sich der Bewertung ihrer Leistung zu entziehen. Gleichzeitig habe die Deutsche Forschungsgesellschaft herausgefunden, dass es eine isolierte Lese-Rechtschreibschwäche als klinisches Symptom gar nicht gibt. Dafür gibt man in Deutschland unhaltbaren Zuständen gern neue Bezeichnungen. „Man muss in Deutschland nicht besonders gut, sondern besonders schlecht sein, um Vorteile zu genießen“, schreibt Konrad Adam in *DIE WELT*.

Was erst erwartet deutsche Kinder angesichts einer realen Arbeitslosigkeit von sieben Millionen? Was erwartet sie angesichts eines Geburtenrückgangs um zehn Prozent im Jahr? Wer wird dann die 30 Millionen Rentner und fünf Millionen Beamte und Angestellte im Öffentlichen Dienst ernähren? Wie werden diese Kinder für die wachsende Zahl alter Menschen sorgen können, wenn sie zu dumm sind, einen Beruf zu erlernen, oder zu fett und zu krank, um ihn auszuführen? Fast 90 Prozent seiner Einnahmen gibt der Bund für Zinsen und Soziales aus. Was bleibt übrig für die Zukunft Ihres Landes? Und bei Ihrer Vergangenheit, Verzeihung, fragen Sie nach unseren Menschenrechten?

Noch etwas ist mir aufgefallen. Sie dürfen wählen. Aber zur Europa-Wahl geht nicht einmal die Hälfte aller deutschen Wahlberechtigten. Das neue Europa ist ein freies, wunderbares Land voller Möglichkeiten. Und Sie verachten ein Recht, für das junge Menschen in Peking gekämpft und mit dem Leben bezahlt haben. Die Deutschen misstrauen der Freiheit in der Angst, ihr Nachbar könnte mehr damit anfangen als sie selbst. Angeblich leben einige Millionen Deutsche unterhalb der Armutsgrenze, wie ich Ihren Zeitungen entnehme. Seit in China niemand mehr hungert und ein Dach über dem Kopf hat, behauptet unsere Regierung in Peking, die Armut sei abgeschafft. Man darf also fragen, ob Sie die von der UNICEF definierte Armutsgrenze in Afrika und Bangladesh meinen oder ob es eine spezifische deutsche Armut gibt."

Wenn Chinesen verärgert sind, kann es vorkommen, dass sie die Grenzen der Höflichkeit nicht mit Worten, sondern im Tonfall überschreiten. Ihre Stimme nimmt dann einen seltsam hohen und aufgeregten Klang an. Wang hat über seine Rede das Bier warm werden lassen. Nun trinkt er den Rest in einem Zug. „Sehen Sie", beendet er dann in versöhnlicherem Ton seinen Vortrag, „wir haben in China noch einen weiten Weg vor uns. Chinesische Kinder müssen mehr als tausend Schriftzeichen lernen, um eine Zeitung lesen zu können. Gebildete Chinesen beherrschen zehntausend. Und wer alle Dialekte und historischen Texte verstehen will, muss 60 000 chinesische Schriftzeichen kennen.

Wir in China müssen einem Volk von 1,3 Milliarden Menschen geordnete Entwicklungsmöglichkeiten schaffen. Wir sind noch nicht so weit wie Sie in Europa, wo sie jeder

Kuh und ihren Kälbern zwei Marken in die Ohren zwacken und ihr Leben und Geschlachtetwerden durch Tausende Bücher mit noch mehr Beamten in Brüssel verwalten. Wir kleben nicht jeder Olive einen Sticker an, vernichten aber auch nicht Millionen Tonnen von Lebensmitteln, um die Marktwirtschaft außer Kraft zu setzen. Wir sind eben nur ein emerging country, wie Sie das nennen.

Wir hatten jahrzehntelang Bürgerkrieg und die Japaner als Okkupanten im Land. Die britischen Drogendealer hätten unsere Kultur fast in Opium erstickt. Wir mussten alle Ihre europäischen Spinnereien einschließlich Marx und Engels ausbaden. Wir haben in den dreißiger Jahren die Juden aufgenommen, die Ihre Nachbarländer abgewiesen haben. China wurde vielfach vergewaltigt. Wir würden viel um die Freiheit geben, die Ihnen in Deutschlands nichts wert zu sein scheint. Unter Ihrer Armutsgrenze leben zu dürfen, wäre uns ein Vergnügen.

Und noch ein letzter Satz zur Todesstrafe. Natürlich ist sie auch in China umstritten. Wir werden sie dann abgeschafft haben, wenn Sie in Deutschland gezwungen sein werden, sie einzuführen, um die schrecklichen sozialen Folgen beherrschen zu können, die Ihre Bildungspolitik der letzten 30 Jahre angerichtet hat.“ Mr. Wang macht eine Pause. „Ich hoffe, Sie nehmen mir meine Prognose nicht übel.“

(Mr. Wang lebt in Shanghai, ist 42 Jahre alt, verheiratet und hat einen Sohn von 14 Jahren. Der Junge besucht ein Internat, lernt dort neben der Hochform seiner Muttersprache Englisch und Deutsch. Mit beiden Fremdsprachen kann er jetzt bereits eine Unterhaltung bestreiten. Seine Kenntnisse in Mathematik sind überdurchschnittlich. Er ist motiviert, einen exzellenten Abschluss zu machen, um später eine ausländische Universität zu besuchen.)

Ambivalenz des Geldes

China erstickt in Dollars, und die Banken sind pleite

„Es gibt ja Leute, die sagen, unsere Politiker sind alle Verbrecher. Das ist natürlich Unsinn. Das wirklich organisierte Verbrechen arbeitet auf höherem Niveau. Da werden Menschen auch mal zur Verantwortung gezogen," sagt Matthias Beltz in einer Satire. Mit Blick auf die chinesische Währungspolitik lässt sich das umkehren: Für die Devisen- und Währungspolitik der Chinesen werden Amerikaner und alle Asiaten zur Verantwortung gezogen. Organisiert ist das Ganze auch, völkerrechtlich aber kein Verbrechen. Der Hebel, mit dem die Volksrepublik China die Relationen zwischen den Weltwährungen beherrscht, wird immer länger. Die Chinesen benutzen ihn in vollem Bewusstsein der Macht, die er ihnen verleiht, gleichwohl mit Gefühl. Die Zahlungsfähigkeit ihrer Banken ist durch nichts anderes gewährleistet als die Einlagen der Kleinsparer, die 40 Prozent ihrer Nettoeinkommen auf die hohe Kante legen.

Besitz belastet

Freiwillig haben die Chinesen ihre Währung RMB 1994 fest an die Entwicklung des US-Dollars gebunden. Ein starker Dollar veranlasst immer mehr Amerikaner, ihre Produktion nach China zu verlagern oder chinesische Produkte zu kaufen, nicht zuletzt weil die Relation der beiden Währungen zueinander verlässlich ist. Die Überschüsse der internationalen Leistungsbilanz lässt China einen gewaltigen Schatz an Devisen in US-Dollar horten. Um die Jahreswende 2004/05 betrug der Devisenberg mehr als 520 Milliarden

US-Dollar. Schon lange mahnen darum die Amerikaner eine Aufwertung des RMB zur Kompensation des Missverhältnisses an. Genau das aber vermeiden Chinas Währungshüter, die mit Blick auf ihre zukünftige wirtschaftliche Entwicklung noch große Pläne haben.

Statt den Yuan aufzuwerten, halten sie ihn auf niedrigem Level stabil, als wollten sie ihn auf alle Zukunft tieffrosten. Das macht es auch den asiatischen Kollegen unmöglich, ihrerseits den ökonomischen Forderungen nach Aufwertung ihrer Währungen nachzukommen. Augenblicklich würden sie im Alleingang ihre Wettbewerbsfähigkeit gegenüber der chinesischen Zentralmacht verlieren. China zieht den asiatischen Wagen und bestimmt die Richtung. Ergebnis ist, dass auch Japan, Vietnam, Südkorea und Malaysia ihre Dollarreserven erhöhen.

Im Gefolge Chinas kaufen die asiatischen Staaten amerikanische Staatsanleihen, denn irgendwo müssen sie ihr Geld unterbringen. Diese Nachfrage aus Asien hält die Zinsen in USA niedrig. Der Fondsmanager Marc Faber sieht unter anderem in diesem Umstand den Grund für die Bereitschaft der amerikanischen Bürger, sich weiter zu verschulden. Zu günstigen Krediten kaufen sie chinesische Kühlschränke, Waschmaschinen und Textilien. Und wie ihre Vorfahren in Europa ziehen sie wie im Rausch heim mit Ramschwaren, die sie nicht brauchen außer für das stolze Gefühl, etwas fast umsonst erstanden zu haben. Great!

„Der Kampf um die künftige Hegemonie findet am Devisenmarkt statt“, titelt *DIE WELT* und Faber fügt hinzu, es ist völlig klar, „dass das Reich der Mitte den Amerikanern noch auf Jahre hinaus militärisch nicht das Wasser wird reichen können. Das entscheidende Feld ist also die Ökonomie“. Aber jedem Wachstum sind Grenzen gesetzt, auch den Währungsreserven, die China hortet. Werden diese Dollarbestände oder erhebliche Teile davon an den globalen Devisenmärkten freigesetzt, fallen außer dem Dollar noch mehr Währungen mit erheblichem Getöse die Kellertreppe herunter. Es würde den Sturz mildern, wenn sich dort unten ein Airbag aus Gold- oder Platinreserven öffnen würde. Edelmetalle polstern jedoch nur, meint Faber, wenn sie nicht in den staatlichen Bilanzen bereits als Reserven ausgewiesen sind.

Von den Sparern hängt alles ab

40 Prozent ihrer Nettoeinkünfte legen Chinesen auf die hohe Kante. Viermal so viel wie in Deutschland. Der stets zitierte größte Markt der Welt besteht in Wirklichkeit aus Tausenden kleiner Märkte, die in der Vergangenheit ein weitgehend isoliertes, dennoch autarkes Marktgeschehen gewährleisteten. Mit der wirtschaftlichen Öffnung und dem Ausbau des Straßen- und Eisenbahnnetzes überschritt der Warenverkehr die Provinzgrenzen. Noch bevor sich freie Strukturen eines auch nur nationalen Wettbewerbs entwickeln konnten, veranlassten die Provinzgouverneure die ihnen unterstellten regionalen Banken, Milliarden an Krediten in marode Staatsbetriebe zu pumpen. Ruhe an der Front, hieß die Devise. Peking unterstützte den Kurs, behinderte lange Zeit eine Privatisierung und damit Wettbewerb. Wie fast immer sind politische Kredite faule Kredite. Von über 400 Milliarden US-Dollar sind fast 300 Milliarden unwiederbringliche Forderungen. Den Bankrott verzögern nur die Einlagen der Sparer.

Die Hauptsäulen des Bankenwesens stellen die vier Staatsbanken dar. Die Bank of China (BoC), die China Construction Bank (CCB), die Industrial and Commercial Bank of China (ICB) und die Agriculture Bank of China (ABC) spalten sich in unzählige Provinzfilialen, Töchter und Lokalbanken auf, die jede einzelne in der Vergangenheit von parteinahen Genossen in ihren individuellen Ruin getrieben wurden. Allein die CCB steht mehr als 20 000 Filialen mit mehr als 300 000 Mitarbeitern vor. Geld verdienen war für alle Beteiligten ein Fremdwort. Geld verteilen entsprach

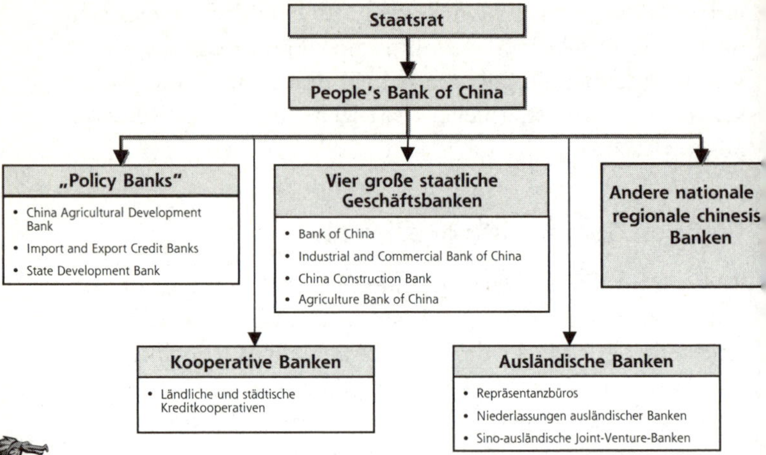

Bild 1 Organisation des Bankensektors in China

dem sozialistischen Prinzip der Gießkanne. Die Ratingagentur Standard & Poor's sieht das Volumen der faulen Kredite bei etwa der Hälfte aller vergebenen „Darlehen". Bereiteten die Löcher in der Kasse mal jemanden Bauchschmerzen, weil er eine Bilanz lesen konnte, linderte ein Griff in die prall gefüllten Devisenreserven die akuten Beschwerden.

Waffen oder frisches Geld

Der ehemalige Governor der Bank of England und der Ex-Chef der britischen Finanzaufsicht wurden verpflichtet, Ordnung in das Desaster zu bringen. Sie verlangen jetzt „monthly reports" von den Filialen. Corporate-Governance-Richtlinien wurden entwickelt. Für die CCB steht sogar der Börsengang in Rede. Zuvor wird aber noch manches Stück Papier von den umworbenen Investoren umzudrehen sein. Die Bank of America, Citibank und HSBC sind internationale erfahrene Häuser, die ab 2007 ihre Ambitionen am chinesischen Markt testen wollen, wenn die Schonfristen des

WTO-Abkommens für die chinesischen Banken abgelaufen sind. Viele Zweifel bleiben. „Die nächste große Finanzkrise wird nicht aus Europa oder den USA, sondern aus China kommen“, schreibt Michael Mandel in *Business Week*.

Das klingt sehr wahrscheinlich, umschreibt aber die Quelle des zu erwartenden Unglücks nur unpräzise. Die sprudelt in Chinas Wohnküchen und Betriebskantinen. Ein Funke von Misstrauen, ein Gerücht, ein Gerede, die sich durch Wohnblocks und Seitengassen verbreiten, lassen augenblicklich Millionen Sparer vor ihren lokalen Bankinstituten erscheinen. Wenn sie ihre Einlagen zurückfordern, bedeutet das die augenblickliche Insolvenz von Chinas Banken. „Sind also die großen Vier insolvent?“, fragt Gordon Chang: „Definitiv. Sind sie tot? Nein. Sie sind nicht nur am Leben, sie arbeiten sogar. Ihre Geschichte zeigt, dass ein staatliches System frei von allen ökonomischen Zwängen, sogar wenn es vollkommen von der Realität außerhalb abgeschieden ist, existieren kann.“ Die Banken in China sind ebenso gut wie China selbst. Wenn alle Anleger ihr Geld zurückwollten, „hat Beijing nur zwei Möglichkeiten: die öffentliche Ordnung mit Waffen herzustellen oder schnellstens frisches Geld zu drucken“, so Chang.

Panik im grünen Bereich

Das Börsenalphabet in China hat vier Buchstaben. Die A-Shares repräsentieren in der Regel Eigentum an Staatsunternehmen. Ein Widerspruch in sich, der sich Chinesen nicht unmittelbar erschließt. Nur sie dürfen die Papiere an den Börsen in Shanghai und Shenzhen kaufen. Sie besitzen dann Anteile, die sich in der höheren Hand des Staates befinden und insofern den Namen Eigentum nicht verdienen. Ausländer sind vom Handel ausgeschlossen. Die B-Shares dagegen dürfen in der Regel nur von Ausländern erworben und an den genannten Börsen in Dollar gehandelt werden. Die H-Shares sind Papiere, mit denen sich am Börsenplatz

Hongkong bevorzugt Ausländer Eigentum an Unternehmen auf dem chinesischen Festland sichern. Die N-Shares unterscheiden sich von den vorgenannten durch den Börsenplatz New York.

Rutschen die Indikatoren der Tagesbewertung in den grünen Bereich, kommt Panik auf. Grün bedeutet fallende Kurse. Rot, die chinesische Glücks-, Liebes- und Lebensfarbe, zeigt steigende Kurse an. Aber auch dann kommt Panik auf. Besonders die kleinen Anleger reagieren bei fallenden wie bei steigenden Kursen hektisch und ohne Konzeption. Fallen die Kurse, kaufen viele nach, um an der nächsten Kurssteigerung teilzuhaben. Steigen sie, fiebern die Shareholder dem richtigen Zeitpunkt zum Absprung entgegen. Die Börsenbewegungen in Shanghai und Shenzhen repräsentieren fast nie eine rationale und fundierte Abbildung des realen Marktgeschehens, schon gar nicht eine innere Bewertung der Unternehmen.

Gleichwohl benötigen immer mehr chinesische Unternehmen Geld, um ihre Strukturen profitabel zu machen und sich gegen den wachsenden Wettbewerb behaupten zu können. Shanghai Automotive Industry und Dongfeng Motor planen die Emission von Aktien im Wert von drei Milliarden US-Dollar. Wen immer sie als Käufer im Auge haben, aber im überhitzten chinesischen Automobilmarkt noch dazu in chinesische Fabriken zu investieren, erfordert Mut und Optimismus. Skeptiker trösten sich mit einem Blick am Donnerstag vor Heiligabend 2004 in die *Financial Times*: „Bosch plans big drive into China". Und nachdem die aktuellen Investments in Wuxi und Suzhou aufgezählt sind, zieht *Financial Times* Bilanz: „ Zählt man alle Aktivitäten von Bosch zusammen, will das Unternehmen seine Umsätze in China von 1,3 Milliarden US-$ auf fünf Milliarden in 2013 steigern." Der Optimismus scheint ungebrochen.

Landebahn nicht in Sicht

Nicht viele wagen Zweifel anzumelden, wenn Global Player ihre Thesen an die Tür nageln. Der versammelte Sachverstand und Kompetenz auf einem Niveau, oberhalb dessen nichts bekannt ist, schaffen stets neues Vertrauen in Konzeptionen und Planungen in China. Westliche Shareholder haben schon lange Erfahrung mit Profit und Verlust. Zum ersten Mal finanzieren jetzt auch chinesische Aktionäre den Kampf der eigenen Industrie auf eigenem Boden gegen globale Giganten. Werden ihre Erwartungen enttäuscht, ist dies ein größerer Schlag gegen die Liberalisierung des chinesischen Finanzmarktes als die Umstandskrämerei der Partei bei der Differenzierung in A- und B- oder H-Aktien. Diese Aufteilung wird nicht lange Bestand haben können, wenn chinesische Unternehmen zur Finanzierung ihrer Zukunft auch auf das Vertrauen westlicher Anleger angewiesen sind. Die gewaltigen Investitionen, die der Wettbewerb erfordert, können chinesische Anteilseigner nicht allein aufbringen.

Dann aber kommt die Stunde der Wahrheit. Für die Partei, für chinesische Unternehmen, in welchem Eigentum auch immer sie sich befinden, und für die Konvertierbarkeit des Renmimbi. Viele Beobachter sind sich nicht einig, ob die Landung der chinesischen Wirtschaft hart oder weich sein wird. Dass Chinas Wirtschaft im Ganzen überhitzt sei, wird einfach vorausgesetzt. Dass die westliche Wirtschaft vergleichsweise unterkühlt sein könnte, ist keine vordergründige Denkoption. Wenn alle von Landung reden, kann sie zur self fulfilling prophecy werden. In der Sache ist sie nicht begründet, wenn erst einmal mehr Anleger in China als heute vom Wachstum ihrer Wirtschaft profitieren. Das könnte die chinesische Lokomotive noch einmal beschleunigen, als wenn ein zweiter Kessel angeheizt würde.

Der Brennstoff wird Geld sein. Das liegt zum größten Teil noch auf den Konten von Chinas desolaten Banken und verhindert deren Kollaps. Ziehen die Chinesen ihre Guthaben dort ab, um sie als Shareholder in aussichtsreiche Unternehmen zu stecken, gerät China in ein finanzielles Wechselbad mit gewaltigen Temperaturdifferenzen. Verlassen wir uns auf Zahlen und werfen einen Blick auf das „Market Profile on Chinese Mainland“, das der Hongkong Trade & Development Council veröffentlicht: Die Wirtschaft setzte auch 2004 ihr „robustes Wachstum“ in den ersten drei Quartalen 2004 bei 9,8 Prozent fort. In den ersten beiden Monaten 2004 wuchs das in Wertpapiere investierte Vermögen um 53 Prozent. Bis einschließlich Oktober normalisierte sich der Zuwachs bei 30 Prozent. Da darf man ohne Vorbehalt von ungebrochenem Vertrauen reden.

Auch die Exporte aus China wuchsen allein bis Oktober 2004 um mehr als 20 Prozent. Zur Freude der Weltwirtschaft nahmen auch die Importe nach China um etwa 18 Prozent zu und wiesen damit die gleiche Wachstumsrate auf wie das gesamte Handelsvolumen Chinas. Auch wenn die chinesische Wachstumsmaschine in den nächsten Jahren ein bisschen tiefer fliegen sollte, eine Landebahn ist nicht in Sicht.

Chinas Charme

Fernost – ganz nah

Das Permanent-Smile-Syndrom

Chinesen mögen sie nicht, wenn man ihnen zu nahe tritt. Unsere Bussi-Kultur und Umarmungsorgien finden sie befremdlich. Schulterklopfen gilt als unfein. Zur Begrüßung ergreifen sie die eigene Hand. „Ihr Langnasen umarmt euch andauernd, damit ihr euch nicht in die Augen sehen müsst", sagt Qi Wan Fu, der schon mal in Deutschland war. Chinesen stammen vom Drachen ab. Drachen mögen die Grabscherei nicht. Sie haben eine Tradition, die fünftausend Jahre alt ist. Da wird man vernünftig. Lange ausgeschlossen von den gesellschaftlichen und politischen Prozessen im Rest der Welt, geschützt von einer Mauer, die auf der Welt nicht ihresgleichen hat, sehen sie sich selbst als Mittelpunkt der Welt.

Ihr Begriff vom Reich der Mitte ist zugleich Ausdruck eines gewachsenen und gereiften Selbstbewusstseins. Sie empfinden sich anders als der Rest der Welt, der sie im Übrigen auch nie interessierte. Dieses Bewusstsein einer uralten Identität teilen sie mit einem Volk auf dieser Erde, das seine Jahre noch präziser gezählt hat: den Juden, die im Jahr 2005 ihren 5766. Geburtstag feiern. Auch die klassische chinesische Schreibweise folgte dem jüdischen Beispiel von rechts nach links. Die Schüler von heute haben sich längst an die westlichen Schreibnormen angepasst und schreiben von links nach rechts. Ein großer Schritt war die Umstellung von Links- auf Rechtsverkehr. Schließlich ist das kaufmännische Talent der Chinesen auf einem Niveau, das Afrikaner, Malaien und Indonesier veranlasst, ihre chinesischen Geschäftsleute anerkennend „Chinejews" zu nennen.

Das Anderssein fällt Menschen aus den westlichen Ländern augenblicklich auf. Augenblicklich darum, weil es mit dem Blick aus chinesischen Augen zu tun hat. Die lächeln. Immer. Die Anatomie asiatischer Lidfalten bedient sich des Tricks, das Oberlid ein bisschen tiefer am inneren Augenwinkel zu befestigen. Dies bewirkt das PS-Syndrom oder Permanent-Smile-Syndrom. Die wohltuende physiognomische Wirkung lässt gerade Europäer gerne nach China reisen, wo alles auf so angenehme Art anders ist als zu Hause. Eine ansteckende Heiterkeit, Freude über den geringsten Erfolg, eine stets an der Oberfläche versteckte Bereitschaft zu lachen, was umso häufiger anzutreffen ist, je weniger die Menschen besitzen.

Die alltäglichsten Kleinigkeiten werden diskutiert. Außer sich vor Freude über den günstigen Kauf einer Plastikschüssel für drei Yuan oder besonders gutes Gemüse vom Markt, eilen Chinesinnen zur Nachbarin, um ihr Glück zu teilen. Kommt ein neuer Kühlschrank, steht das halbe Dorf zur Begutachtung bereit. Bei einem Auto laufen das ganze Dorf und noch einige aus der Nachbarsiedlung zusammen. Chinesen haben die destruktiven Einflüsse des Sozialismus von 1949 bis 1979 offenbar bei psychisch besserer Gesundheit überstanden als zum Beispiel die Ostdeutschen. Kaum befreit von den neurotischen Fesseln des Kollektivs, entwickelten die Menschen in China eine herzerfrischende Beweglichkeit bei der Entfaltung ihrer Initiativen. Sie haben dazu kein Geld aus Beijing bekommen. Da sie von Natur aus lächeln, hält sie niemand für hilfsbedürftig. Vielleicht ist auch dies ein Grund, warum sich gerade europäische Investoren in China so wohl fühlen.

Heiter ist auch die Art, wie man sich übereinander lustig macht. Chinesen haben keine Scheu, ein besonders gelungenes Exemplar von Europäer neugierig anzustarren oder anzulachen. Chinesische Kinder wollen es noch genauer wissen. Sie betasten die großen Hände eines gelungenen Mannsbildes und sogar seine Nase, wenn sie den Namen

verdient, den Chinesen den Menschen aus dem Westen verliehen haben. Die Langnasen ihrerseits legen in China auch alle Empfehlungen beiseite, die gut gemeinte Reiseführer Europäern immer noch mit auf den Weg geben. Die angebliche Angst vor Gesichtsverlust weicht einer kritischen Offenheit miteinander. Chinesen lieben lange Pausen. Da sie keine 35-Stunden-Woche kennen, stehen die ihnen auch zu. Dann verschränken sie ihre Arme auf dem Schreibtisch, um den Kopf darauf zu legen, und schnarchen eine Runde. Wenn man sie nicht weckt, schlafen Chinesen gern von kurz vor Mittag bis fast um drei. Dann brauchen sie heißes Wasser, um die Teeblätter in ihren Einmachgläsern frisch aufzugießen. Abends sind die Blätter so ausgelaugt, dass sie keine

Farbe mehr abgeben. Dann heißt das weißer Tee. Der soll beruhigend wirken. „Xiuxi" ist das Wort für Pause.

„Mamalai" ist der Ausdruck für „immer mit der Ruhe" und geht einher mit beschwichtigender Handbewegung. Deutsche Arbeitgeber in China antworten darauf gern mit eigener Idiomatik: „Mach mal flott." In den Betrieben und Fabriken prallen oft zwei unterschiedliche Auffassungen von Effizienz aufeinander. Spätestens am Abend und wenn man das Glück hat, bei Chinesen eingeladen zu sein, besänftigt sich die „Klotz-mal-ran-Mentalität" und lässt sich vom Genie asiatischer Küche verzaubern. „Die Chinesen essen alles, was vier Beine hat, außer dem Kleiderschrank", sagen sie selbst und haben dabei besonders ihre Landsleute im Süden des Landes vor Augen. Die aber beschränken ihre Lust am Essen keineswegs auf ihre vierbeinigen Freunde (Warum soll man keinen Hund essen?). Was fliegen und schwimmen, kriechen und krabbeln kann, ist vor dem Appetit der Chinesen nicht sicher. Vor der kantonesischen Küche, heute Guangzhou, grausen sich selbst die chinesischen Nordlichter in Beijing.

Auf Zuckerrohr geschmorte Ratten, geröstete Skorpione, Bärentatzen und Kamelhöcker und unzählige Arten von Schlangen essen Südchinesen für ihr Leben gern. Eine besondere Delikatesse ist lebendwarmes Affenhirn. Es ist üblich, dem Primaten noch kurz vor seiner Hinrichtung persönlich Auf Wiedersehen zu sagen, denn als Gast sucht man die Tiere in der Regel lebend aus. Auch Schildkröten, Wasserschlangen und Kugelfische lernt man in den Bassins vor dem Restaurant noch lebend kennen. Nicht jedem fällt es leicht, mit dem Finger auf das ausgesuchte Opfer zu weisen, was der Unterschrift unter ein Todesurteil gleichkommt. Hier kommt man dem Fernen Osten ganz nah.

Chinesische Trinkgewohnheiten können gelegentlich vergessen lassen, dass diese Kultur fünftausend Jahre alt ist. Vielleicht hat auch nur die Durstphase so lange gedauert. Gefeiert und gegessen wird in gemieteten Räumen, die nur für private oder geschäftliche Anlässe gebucht werden. Man ist unter sich. Eine runde, drehbare Platte lässt alle mal an die Köstlichkeiten der „Hundert Vögel kehren heim ins Nest“ oder die „Rot geschmorte Zibetkatze“ heran kommen. Unter dem Tisch wickeln Chinesen dann die mitgebrachten Getränke aus den Plastiktüten: Whiskey, Cognac, auch mal ein Literchen Wodka mit schwarzem Smirnoff-Etikett, was so viel wie 50 Volumenprozent bedeutet.

Sind Europäer dabei, verlegen die chinesischen Männer ihren Ehrgeiz auf eine Art Kampftrinken. Unentwegt prosten sie den Langnasen zu, die aus Höflichkeit Schritt halten und sich wundern, wie wenig ihre asiatischen Freunde vertragen können. „Trinkt ihr eigentlich gern Alkohol?“, fragte ich einmal bei solcher Gelegenheit. „Sehr gern“, lachten die Chinesen zurück, nicht ohne darin schon wieder einen Anlass zu neuer Prosterei zu finden. „Dann lernt es doch mal“, sagte ich. Das Gelächter will nicht enden.

Die Ausgelassenheit bei solchen Anlässen und ihre Dramaturgie widersprechen allen europäischen Gewohnheiten bei vergleichbaren Gelagen. Ein geselliges Warmtrinken wie beim „Früh“ in Köln oder beim „Augustiner“ in München gibt es nicht. Auch der weiche Ausklang nach dem Prinzip „Schaun mer mal“, ob wir noch eins nehmen, geht Chinesen ab. Kaum sitzt die Gesellschaft, geht der Vernichtungsfeldzug gegen den Alkohol los. Ohne Pause wird das Essen aufgetragen. Die Suppe kommt zum Schluss und ist zugleich Zeichen für Ausländer, dass die Aufhebung der Tafel unmittelbar bevorsteht. Fast gleichzeitig erheben sich die in der Regel geladenen Gäste nach dem Gastgeber und sehen, wie sie ins Bett kommen. Der kommende Tag fordert wieder zehn Stunden Arbeit und Wettbewerb von ihnen. Nur selten kommt man sich auf diese Weise menschlich näher.

Wer als Ausländer das Glück hat, länger in China zu verweilen, dem offenbaren sich Chinesen auch hinter ihrem Lächeln. Ganz nah steht man ihnen, wenn sie einen in die eigene Wohnung lassen. Den ganzen Tag hat die Hausfrau damit verbracht, liebevoll den richtigen Fisch auszusuchen, das Gemüse zu putzen, ein besonderes Bier oder sogar einen Wein zu kaufen. Die Eingeladenen werden umhegt und mit allen Varianten asiatischer Höflichkeit verwöhnt. Gegenseitiges Interesse für die Familien, die Kinder, die Großeltern vertieft die Beziehung bis zur Freundschaft. Vor noch nicht langer Zeit konnten Kontakte mit Ausländern für Chinesen erhebliche Schwierigkeiten in ihrem Wohnumfeld bedeuten. In einem chinesischen Haushalt eingeladen zu sein, bedeutet darum doppelte Ehre.

Längst haben sich ungezählte enge Freundschaften zwischen Chinesen und Europäern etabliert, die über gemeinsames geschäftliches Interesse hinausgehen. Sie folgen dem gleichen Ehrenkodex wie stabile und verlässliche Beziehungen im Westen. Fair, aufrichtig und verständnisvoll geht man miteinander um. Allein auf diese Tatsache gründen viele Beobachter ihre Hoffnung auf Fortsetzung und Beschleunigung der bisherigen Entwicklung guter Partnerschaft. Die neuen „front men“ an der Spitze Chinas fördern diesen Optimismus. Hu Jintao, als Generalsekretär der Partei, Präsident und neuerdings auch Armeechef, aber auch Wen Jiabao als Premier geben ein Bild ab, das nichts mehr gemein hat mit dem hässlichen Gesicht Chinas der Vergangenheit. Immer mehr Reisenden aus aller Welt und Tausenden von Unternehmern ist der Ferne Osten schon lange ganz nah.

Der Vorstand kommt

Kommunikation auf Chinesisch

Der Duft von Räucherstäbchen ist oft Hunderte von Metern entfernt noch wahrnehmbar, ohne dass man die Quelle lokalisieren kann. Gerüche und Gerüchte durchziehen China wie salziger Südwind die zum Trocknen aufgehängten Enten an den Küsten des chinesischen Meeres. So ähnlich funktioniert auch Kommunikation. Das Missverständnis, von dem hier die Rede sein soll, ist delikat, gleichwohl aber keine Ente.

Der Gabelstaplerfahrer Wang Chung manövriert eine verbeulte Tonne voller Metallspäne durch das weitläufige Fabrikgelände. Weitab vom Hauptgebäude erreicht er die versteckte Schrotthalde. Rost und Ölrückstände sichern diesen Ort vor unerwünschtem Besuch von Langnasen aus dem Verwaltungsbereich des Joint-Venture-Unternehmens. Hier kann Wang Chung in aller Ruhe eine Zigarette rauchen. Diesbezügliche Verbotsschilder sind noch aus der Mao-Zeit und längst unleserlich. Umständlich klettert Wang aus seinem Gefährt, wischt sich die Hände am Overall ab und füllt sein Zigarettenpapier, als plötzlich seine Beine unter ihm nachgeben. Die Ursache ist eine Öllache. In derselben sitzt er nun und stößt eine Reihe chinesischer Flüche aus. Dem heranschlendernden Arbeiter Liu Xiang schleudert er wütend entgegen: „Wenn diesen Dreck mal der Vorstand sehen würde."

Liu weiß nicht, was ein Vorstand ist. Aber schnell hat er jemanden gefunden, der noch unter ihm rangiert. Diesem gibt er einen Besen und sagt: „Saubermachen, sonst kommt der Vorstand, und dann gibt's was!" In der Mittagspause gehen die Tabaksbeutel und am Abend auf der unteren

Ebene der Hierarchie die Nachricht um: Der Vorstand kommt. Die chinesische Variante des Informationsflusses staut sich bei den drei Schluchten, die vom Schrottplatz über die Ebene der Fabrikation hinauf zur unteren Stufe der Verwaltung führen. Dann brechen sich die Gerüchte Bahn wie der Yangtse auf seinem Weg zum Meer. Am nächsten Vormittag heißt die Frage, die die Kollegen an den Kopierern und PCs bewegt wie ein unmittelbar bevorstehender Taifun: Wann kommt der Vorstand?

Zu diesem Zeitpunkt hat das mittlere Management noch die Beine auf dem Tisch und telefoniert mit diversen Gabis in Wien, Zürich und Düsseldorf. Minuten später fächelt eine bleiche Kollegin sich Sauerstoff zu: „Am Vierzehnten“, röchelt sie, als wenn sie einen Luftröhrenschnitt nötig hätte. Die Kollegen nehmen die Füße vom Tisch. „Was ist am Vierzehnten?“ „Der Vorstand kommt“, kann sie noch hauchen. Ein smarter Mitarbeiter, diplomierter Betriebswirt, Dissertation in Arbeit, cooler Typ also, der das weibliche Personal schon gelegentlich in Unordnung brachte, stellt die knallharte Managerfrage nach der Quelle mitten in den Raum: „Wer sagt das?“ Die atemlose Kollegin vom Oberlauf des Huangpu breitet die Arme aus wie für den Segen Urbi et Orbi und antwortet: „ALLE!“ Es ist nicht das erste Mal, dass die Geschäftsleitung zuletzt eine Nachricht erfährt, von der alle längst wissen.

Der Mann, der den Job ganz oben macht, lässt sich so schnell nicht aus dem Gleichgewicht bringen. Wer in Shanghai erst mal General Manager ist, für den sind der Boxeraufstand und die Kulturrevolution mittlere Neujahrsfeste. Unser GM behält die Nerven, marschiert zum Telefon, wirft einen Blick auf die Uhr und ruft die Heimat an. Die Vorstandssekretärin im deutschen Stammhaus tut immer ganz wichtig, wenn ein „Long Distance“ aus China kommt. Sie schaut dann bedeutungsvoll zu ihrer Kollegin hinüber, tippt auf den Hörer und flüstert: „Fernost“. Sie hat vor vierzig Jahren mal „Suzie Wong“ gelesen.

Der GM spricht ein paar Worte ins Telefon, wobei er die Hand vor die Muschel hält. „Ja, ich richte es aus“, sagt die Sekretärin in der Zentrale in Deutschland, „ja, ich habe es notiert, am Vierzehnten geht es nicht.“ Dabei quält sie unablässig die Frage „Warum weiß ich nichts davon?“ Unser Geschäftsführer denkt, er hat das Schlimmste abgewendet, vorerst jedenfalls. Ihm fällt im entscheidenden Augenblick immer das Richtige ein. Darum haben sie ihn nach China geschickt. Heiligsprechung von Deng Xiaoping am Vierzehnten, eine glänzende Idee. Und dass ein Taifun angesagt ist und alle Flughäfen dicht sind und überhaupt landesweit alle Restaurants wegen Entenvirus geschlossen sind, das muss einem erst mal einfallen. Er atmet tief durch und legt die Beine wieder auf den Schreibtisch.

Am nächsten Morgen erhält in Deutschland das für Asien zuständige Vorstandsmitglied die Mitteilung, dass ein Besuch des chinesischen Joint Venture am Vierzehnten nicht möglich sei. Mitten in seine globale Irritation fällt dem Chinachef ein Stein vom Herzen. Mein Gott, er hat nicht mal was davon gewusst. Das kann nur der Schulze-Knack gewesen sein, der ihn mal wieder vom Informationsstrang abschneiden wollte. Aber es schafft ihm Luft für Vorbereitungen.

Die lapidare Anweisung heißt: Neu terminieren! Kein Taifun! Keine Staatsfeste! Ruhige Großwetterlage, Programm für die Damen. Bisschen Peking-Oper, Yu-Garden, Perlenzucht in Suzhou und so weiter. Der GM in Shanghai soll das arrangieren. Hat ja sonst nichts zu tun. Der GM in Shanghai atmet erneut auf. Zeitgewinn. Der Vorstand in Deutschland atmet ebenfalls auf. In welch bedrohliche Lage man doch schlittern kann, wenn man nicht täglich am Ufer des Informationsflusses steht. Es folgen Wochen der Betriebsamkeit hier wie dort. Dann steht fest: Sechs Herren, drei Damen und eine Studentin der Sozialwissenschaften, angeblich die Nichte des Vorsitzenden, werden reisen. Tatsächlich schweben sie an einem Vierzehnten ein, nur ein Quartal später.

Beim Dinner zu ihren Ehren unter Anwesenheit der Politprominenz und aller wichtigen Kader muss der GM den Finanzvorstand diskret vom Tisch ziehen, nachdem dieser dem stellvertretenden Bürgermeister von Pudong mehrfach laut „Sayonara“ zugerufen hatte. Die zwei Dutzend Schwarzwälder Kuckucksuhren, die der Vorsitzende verteilen lässt, heilen den Schaden begrenzt. Unnötig sind auch die überschwänglichen Umarmungen, mit denen man sich bei den chinesischen Gastgebern bedankt. Der Dolmetscher spricht von der „erdrückenden deutschen Freundschaft“, und alle trinken noch mal auf das Joint Venture. Auch Alkohol kann ein gemeinsames Wagnis sein. Dass alle beim Abschied Kuckuck rufen, bleibt ohne diplomatische Folgen.

Die Ernüchterung kommt am nächsten Morgen bei der Betriebsbesichtigung und Bilanzbesprechung. Der GM entschuldigt die roten Zahlen damit, dass Rot die Farbe der Revolution sei und für die chinesischen Partner schwarz Unglück bedeute. Insofern eine Sache der Höflichkeit. Der Zustand der Produktionsanlagen fällt angesichts der Qualität der Produkte nicht mehr ins Gewicht. Irgendeiner spricht davon, dass hier keine Gewinne, sondern Prügel verdient werden, und zieht sich die Erwiderung zu, ob er denn in Deutschland schon mal eine so vorzügliche Peking-Ente gegessen habe.

Die Damen schauen gelangweilt die Nanjing Lu entlang. Armani und Versace finden sie auch zu Hause. Die Soziologiestudentin schwärmt davon, wie schön die Kulturrevolution gewesen sei. Zum Abschied nimmt der Vorsitzende den GM noch kurz zur Seite, sagt ihm etwas über seine Eindrücke und dass er, was die mikroökonomischen Daten angehe, natürlich wisse, dass man Geduld haben müsse. Was ihn allerdings ausgesprochen geärgert habe, sei die mehr als vernachlässigte hinterwärtige Fabrikanlage, wo er, rein zufällig, auf einige Ölflecken gestoßen sei, auf denen er, verdammt noch mal, ganz unangenehm ausgerutscht war, als er seiner Nichte die Gabelstapler-Garage zeigen wollte.

Und die Moral von der Geschichte:
Hat der Vorstand eine Nichte,
ist dies ein Zeichen, dass er jung,
dynamisch und auch sonst in Schwung.

Man wird ihm nicht belegen müssen,
was intelligente Menschen wissen,
dass alles **vor** *der Hauptverwaltung*
sich zeigt in schönster Prachtentfaltung,
jedoch ***ihn*** *dieses Amt nur schmückt,*
*weil er schon mal da****hinter*** *blickt.*

So heißt sein Wahlspruch schon beizeiten:
Erfolg besteht aus Kleinigkeiten.
Er kann im Sitzen weiter sehen
als ein normaler Mensch im Stehen.

Vergiss die großen Schweinereien;
die wird er dir ganz leicht verzeihen.
Er ist Pedant und hasst den Dreck.
Drum mach die kleinen Flecken weg.

(unbekannter chinesischer Dichter)

Es kommt, wie es kommt

Planung, Prognose und Prophetie in China

Ein deutsch-chinesischer Dialog

„Wie geht das weiter mit euch?“, frage ich meinen chinesischen Freund Liu Zheng, der ein erfolgreicher Geschäftsmann ist. „Verzeih, wenn ich dir mit meiner Großmutter komme“, sagt Liu, und erzählt die Geschichte der alten Frau, die 1896 am Oberlauf des Yangtse in einem Dorf zu Welt kam. Sie und ihr Mann zogen den Holzpflug, mit dem Lius Vater als Junge den kargen Boden umwarf. „Nie werde ich vergessen, wie sie mich ansah, als ich ihr von meiner bevorstehenden Reise mit einem Flugzeug erzählte. ‚Du wirst noch mal verrückt, mein Junge‘, sagte sie und streichelte mit ihren zerschundenen Händen meinen Kopf. Es war 1970. Dass jemand zusammen mit 300 anderen Menschen in einer silbernen Zigarre aus Aluminium ein paar tausend Meilen durch die Luft fliegen und dabei Reishuhn und Rotwein zu sich nehmen würde, erschien ihr wie die Ausgeburt eines fiebernden Hirns.

Seitdem hat sie bis zum Ende ihres Lebens ihren Enkel immer mit einem zweifelnden Blick betrachtet. „Ich berühre“, sagt Liu „mit der einen Hand das Mittelalter in China. Mit der anderen ergreife ich die Optionen einer technologischen und wirtschaftlichen Zukunft, die Millionen alten Menschen auf dem Land nicht mehr vermittelbar ist.“ Nie hat eine andere Generation als unsere mit den ausgestreckten Armen zwei so extrem voneinander entfernte Weltzustände begreifen können. Nie haben dieselben Augen eine so rasante Entwicklung in einem einzigen Lebensalter

wahrgenommen. „Wenn ich Großvater bin“, sagt Liu, „und am Ende meines Lebens stehe, wird mein Vorstellungsvermögen dann ebenso beschränkt sein in Bezug auf das, was unsere Zukunft bringt?“ So weit hinaus wollen wir uns gar nicht wagen. Uns reicht schon die Antwort auf die Frage: Wie und unter welchen Einflüssen entwickelt sich Chinas Gesellschaft und Volkswirtschaft mit Blick auf das nächste Jahrzehnt?

Keiner steigt zweimal in denselben Fluss. Aus eigener Erfahrung begleite ich China seit mehr als 20 Jahren. Ich arbeite dort. Ich wohne dort mit meiner Familie. Zu meinen besten Freunden zähle ich auch Chinesen. Wir haben verlässliche Geschäftsbeziehungen. In vielen Fällen haben wir Verträge erst unterschrieben, als es wegen staatlicher Vorschriften unvermeidbar war. Bis dahin ging alles per Handschlag. Den Titel „königlicher Kaufmann“, der einmal weltweites Sinnbild preußischer Handelstradition war, kann ich ohne Vorbehalt an Liu verleihen. Er und viele seiner Altersgenossen aus gebildeten Familien erinnern sich noch gut an die Erniedrigung ihrer Väter, denen Maos Rote Garden nichts anderes vorzuwerfen hatten als bürgerliche Erziehung und Bildung. Er spricht darüber nicht gern, aus Scham für das eigene Land. Liu hat in Köln studiert und weiß, dass wir in Deutschland auch unsere Probleme haben.

Mit Erstaunen begleite ich ihn auf seinen gedanklichen Ausflügen. Besser als jeder Europäer kann Liu die gesellschaftlichen Strömungen Chinas, die Zwischentöne in politischen Prozessen und Willenserklärungen verstehen und deuten. „Die chinesische Interpretation des Kommunismus erwirbt sich langsam mehr Vertrauen als die abgewirtschafteten Sozialismus-Varianten im Westen. Wenn bei euch einer zwei Hemden hat und der andere hat nur eins, zwingt ihr den ersten, ein Hemd abzugeben, damit nun der andere zwei hat. Ihr verteilt nur den Mangel. Gerechtigkeit ist nicht

das Ergebnis. Deng Xiaoping hat uns entkollektiviert. Besitzstreben wandeln wir in Energie um, in Motivation, nicht in Gerechtigkeitsversprechen. Wir haben in China lernen müssen, wer uns Gerechtigkeit versprach, hat uns immer nur ärmer gemacht. Wenn es je etwas zu verteilen gab, ist es immer nur bei denen angekommen, die sich als politische Verteiler aufgedrängt haben."

Die „Hundert Blumen" richten sich wieder auf

„Dengs Aufforderung an die Chinesen, reich zu werden, entspricht dem „pursuit of happiness" in der amerikanischen Verfassung. Das Streben nach Glück zu akzeptieren bedeutet den eigentlichen Paradigmenwechsel in der Politik Chinas. Das bedeutet Abschied vom Kollektiv. Wie sehr das Gemeinwesen von individuellem Ehrgeiz profitiert, kann in China jeder wahrnehmen.

Erstaunlicherweise ist es die Kommunistische Partei Chinas, die zu begreifen beginnt, dass sich überall dort, wo sie sich zurückzieht, wirtschaftliche Entwicklung entfaltet. Es ist, als ob jemand den Fuß von einer Blume nimmt und mit Erstaunen bemerkt, wie sie sich aufrichtet. Bei dem Gedanken, wie viele Füße da hochgehoben werden müssten, um nur „Hundert Blumen blühen“ und wieder aufleben zu lassen, verbiete ich mir die Vorstellung, dieses Bild auf 70 Millionen eingetragene Parteigenossen zu übertragen. Liu hilft mir: „Wenn die alle zusammen beide Beine hochnähmen, wäre Chinas Blumen nicht gedient.“

Der umsichtige Liu will damit sagen, wie wichtig die Kontrolle der Geschwindigkeit notwendiger Veränderungen ist. Sein Vertrauen in die Einsicht der Partei ist zurückhaltend, stützt sich aber auf seine Erfahrungen der jüngeren Vergangenheit. „Alle wirtschaftlichen Fünfjahrespläne seit 1981 sind eingehalten und sogar übertroffen worden.“ Das kann ich von den sporadischen Ankündigungen europäischer Politiker nicht sagen. Der blumige Liu vollendet sein beispielhaftes Gemälde durch Hinzufügen eines Bildes aus dem deutschen Schrebergarten: „Das Machtgerüst der Partei wirkt wie Bohnenstangen, an denen Chinas wirtschaftliches Wachstum empor ranken kann. Sie geben Halt und Richtung und sorgen durch ihre eigene Begrenzung dafür, dass auf dem chinesischen Wirtschaftsbeet die Bohnen nicht in den Himmel wachsen.“

Wir lieben beide solche Unterhaltungen, und wenn Liu auf meiner Seite Skepsis bemerkt, nennt er mich einen „Erbsenzähler“, ein Wort, das ihm in Köln wohl gut gefallen hat und zu seinen Gemüseallegorien passt. Nichts ist fassbar in China. Alle reden in blumigen Andeutungen. Sich festzulegen, birgt die Gefahr, auf diesem Punkt auch festgenagelt zu werden. Das kann zum Verlust des Gesichtes führen, also gewissermaßen der Ehre, worauf Chinesen großen Wert legen. Da wir uns beide nach so langer gemeinsamer Zeit gelegentlich ohne Gesicht gesehen haben, vermeiden wir Erinnerungen daran.

Er ist zu klug, um das Kaleidoskop chinesischer Listvarianten bei mir anzuwenden. Meine teutonische Dickfelligkeit ist über die Jahrtausende alten chinesischen Strategieansätze im Geschäftsleben stets hinweggestolpert. Meister Suns „Kunst des Krieges" ist eine uralte Sammlung von Kriegslisten, die fast jeder gebildete Chinese kennt und die ihm gelegentlich zum Problem werden. Sie alle denken um drei Ecken, treffen aber bei Europäern oft auf ein entwaffnendes Geradeaus-Strategem. Und darum stelle ich meine Fragen stets ohne Rücksicht auf historische oder politische Bedenken: „Wann werden wir endlich ein funktionierendes Rechtssystem und damit Planungssicherheit in China haben?" Liu überlegt: „Zu unseren Lebzeiten nicht", antwortet er.

Liu erklärt, warum an Demokratie in China lange nicht zu denken sein wird. „Wir können sie uns nicht leisten", sagt er. „Wenn Chinas Mehrheiten entscheiden, hätten wir Anarchie. Anarchie können wir uns nicht leisten. Die Partei besitzt die Macht. Nur mit Macht kann man Verhältnisse ändern. Wenn nötig, auch mit Gewalt. Du siehst, wie viel wir bereits in den letzten beiden Jahrzehnten geändert haben. Sonst wärst du nicht hier. Ich bin ein freier Mann und kann Geschäfte machen. Jeder Chinese kann das." Ich wage einzuwenden, dass die Freiheit des Einzelnen spätestens bei der Äußerung politischer Ansichten begrenzt ist.

„Äußern kann jeder, was er will, nur nicht bei jeder Gelegenheit. Was nützt es euch Europäern, dass ihr sagen könnt, was ihr wollt? Ihr habt viele Jahre lang der lautstarken Begehrlichkeit von Mehrheiten nachgegeben. Eure Gewerkschaften waren unersättlich. Jetzt kommen eure Unternehmer und lassen ihre Produkte bei uns herstellen. Genau genommen fliehen sie vor den Sozialisten zu den Kommunisten."

Fünfjahrespläne im grünen Bereich

China plant. Liu hat Recht mit der Erfüllung der letzten Fünfjahrespläne. China wächst atemberaubend. Was Planung in China vermag, wird deutlich an der am schnellsten wachsenden Stadt der Welt außer Shanghai. Shenzen war ein verschlafenes Hafendorf an der Grenze zu Hongkong. Es roch nach Fisch und Armut. Eines Tages nahmen die Kommunisten die Füße hoch von diesem Flecken Erde und traten beiseite. Ein Plan erklärte das Gebiet zur ersten Wirtschaftssonderzone. Die benachbarten Hongkonger rieben sich die Augen, als binnen weniger Jahre der Glanz ihrer 99 Jahre währenden „unique selling proposition" in Asien von blühenden Bäumen überschattet wurde, die nebenan in den Himmel zu wachsen schienen. Die Chinesen hatten den Beweis erbracht: Planung funktioniert, wenn man das Kollektiv abschafft.

In der „Beautiful Boom City" leben vier Millionen Menschen auf einer größeren Fläche als Hongkong. Shenzen wächst weiter in die Peripherie (was Hongkong nicht konnte) und erfüllt den Traum der Partei von einer geklonten Stadt. Als Erbmaterial nahm man die Idee von der wirtschaftlichen Effizienz Hongkongs, damals noch britisch, und das Vorbild Singapurs mit seinen exzellent funktionierenden Verwaltungsstrukturen. Die Kreuzung ist gelungen. Weitere Wirtschaftssonderzonen folgten und bieten heute ein Bild blühender Prosperität.

Planung in Verbindung mit Macht benötigt nur noch Geld, um Ziele zu realisieren. Vielleicht gibt es da einen Zusammenhang mit der Beobachtung, dass in Shenzen so gut wie keine Kinder oder Familien zu sehen sind. Die größte Single-Stadt der Welt wirkt wie eine Ansammlung beleuchteter, unbefruchteter Bienenwaben. Die Shennanstraße als Hauptmadrigale von Westen nach Osten ist märchenhaft in ein paar Megawatt Licht getaucht und erinnert an die Protzigkeit der Kunstschneisen arabischer Emirate. Die Partei kann alles. Mit Leben erfüllen kann sie die Retortenstadt nicht. Sie bleibt, vorerst, ein In-vitro-Versuch.

Schmetterlinge im Netz

Bis zur Stunde sind die Pläne der Partei verwirklicht. Die Partei weiß, was geht und was nicht. Die „benchmarks" am Beispiel Shenzhen sind gesetzt. Unsere europäische Wirtschaftsterminologie spricht von evidenzbasierten Wahrnehmungen und meint nichts anderes, als es der Rheinländer mit „et is wie et is" ausdrückt. Und mit Blick auf die Zukunft fügt Liu, der schon manches Kölsch getrunken hat, hinzu: „Et kütt wie et kütt" (Es kommt, wie es kommt). Schon damals grinste er reichlich unverschämt, als in Köln eine Brauerei mit einem Chinesen auf den Plakaten warb: „Ming Kölsch, Ding Kölsch, Sing Kölsch". „Siehste", sagte Liu, „du willst doch immer eine Prognose haben."

Von Leuten wie Liu Zheng gibt es in China viele Tausend. Sie haben im Ausland studiert. Sie wissen, wie Amerikaner und Europäer denken. Deren Verständnis für Ökonomie haben sie weitgehend adaptiert. Sie hatten ausreichend Gelegenheit, westliches Geschäftgebaren zu studieren, die Wertschöpfungskette zu analysieren und schnell zu begreifen, an welchen Stellen in diesem Prozess Chinesen ihre Finger hineinstecken können. Ihre Leidensfähigkeit gegenüber westlichen Fauxpas verstecken sie hinter der gleichmütigen Freundlichkeit Asiens. Sie trinken Bier, essen auch mal Schweinshaxe und würden nicht weiter auffallen, wenn sie nicht dieses Lächeln hätten, bei dem sich kein Europäer sicher ist, ob er an- oder ausgelacht wird.

Chinesen hassen die Japaner, lieben die Amerikaner nicht und lassen unter den Europäern die Deutschen am meisten gelten. Gleichmütig sehen sie zu, wie alle ihr Geld nach China tragen, Joint-Venture-Verträge unterschreiben, marode chinesische Staatsfabriken auf technologisches Weltniveau bringen und ihren ganzen westlichen Ehrgeiz in Projekte stecken, von denen sie kein einziges irgendwann werden mit nach Hause nehmen können. Wie Schmetterlinge fliegen westliche Investoren in die geöffnete chinesische Volière und bemerken nicht, dass die durchsichtigen Netze in Sekundenschnelle den Ausgang versperren können. Das Licht Asiens hat sie angelockt wie vor zweihundert Jahren. Raus kommen sie nur ohne ihre Blaupausen und Festplatten, auf denen sie ihr Know-how hereingetragen haben. Eine Vision? Nein, eine von vielen Möglichkeiten.

Investitionen – China bekommt, was Russland braucht

Wahrscheinlicher indes ist, dass die von Ernst & Young veröffentlichte Studie zutrifft, in der sie 200 große Automobilzulieferer befragten. „In welchen Regionen werden aus Ihrer Sicht in den nächsten zehn bis 15 Jahren besonders viele neue Produktionsstandorte aufgebaut werden?“ 75 Unternehmen wollen nach China, 58 in osteuropäische EU-Staaten, 44 nach Osteuropa außerhalb des EU-Status. Ein paar gehen nach Südostasien, in Westeuropa bleibt kein Einziger, so ihre Prognose mit Verweis auf den Kostendruck. Russland als einer der größten Absatzmärkte für Automobile wird nur von acht der befragten Unternehmen genannt. Acht von zweihundert. Diesem Verhältnis folgen die meisten anderen Investoren wie auch die Deutsche Leasing, die jetzt ihren Markteintritt in China vorbereitet. In Tschechien, Polen, Ungarn und der Slowakei verzeichnet sie ein Neugeschäft in 2003 von 212 Millionen Euro. In Russland von nur 14 Millionen Euro. Als wenn dort die Lepra herrschte, platzieren sich die internationalen Investoren nah um das Land herum. Im Wettbewerb um internationales Kapital schlägt China Russland 10:1. Wenigstens die Planung einer automobilen Endmontage in Russland scheint für Toyota und VW ab 2006 wahrscheinlich. Die Japaner wollen in St. Petersburg bauen, die Wolfsburger in der Kleinstadt Stupino nahe Moskau.

Prognosen zur wirtschaftlichen Entwicklung Chinas haben unmittelbar mit dem mächtigen russischen Nachbarn zu tun. Lange wurden die russisch-chinesischen Staatsverträge in Bezug auf die gegenseitige Versorgung mit Rohstoffen für verlässlich gehalten. Selbst zur Zeit der Sowjetunion flossen Öl und Gas aus den Weiten Sibiriens zuverlässig nach China. Im Herbst 2004 schreckt eine Meldung nicht nur die chinesischen Verbraucher auf, als Yukos bestehende Verträge bricht und die Ölzufuhr drosselt. Auch die Europäer, abhängig vom russischen Gas, sind irritiert. Sie ertragen den Kremlchef nicht aus reiner Sympathie am Tisch der G-8-Staaten. Das Vertrauen der westlichen wie östlichen Nachbarn Russlands erleidet immer mal wieder Rückschläge. Auch Putins gelegentliche Versuche, die Duma zu entmachten oder die Pressefreiheit zu beschneiden, ignoriert nur noch sein Freund Gerhard Schröder, der seine kritischen Potenziale lieber gegen NATO und USA richtet.

Der fragwürdige Reichtum der Oligarchen lässt zudem daran zweifeln, ob in Russland alles mit rechten Dingen zugeht. Ein gutes Jahrzehnt nach der „Demokratisierung“ nimmt die Welt zur Kenntnis, dass Dutzende von russischen Rohstoffbaronen Dollarvermögen in Milliardenhöhe anhäufen konnten. Es sind viele Facetten, die westliche Investoren an gesicherte Rechtsgrundlagen in Russland nicht glauben lassen und dem nicht minder schwankenden Rechtsboden Chinas den Vorzug geben. Aber worin besteht dann der Unterschied? „Dass alle unzählige Produkte kennen, auf denen ‚Made in China‘ steht. Aber kaum einer kann ein Produkt mit der Aufschrift ‚Made in Russia‘ nennen – außer Waffen“, sagt Liu. „Auf Gas kann man kein Label drucken“, fügt er hinzu und lacht: „Die Russen können nicht mal eine Rolex fälschen.“

„Die Endmontage von Automobilen“, zitiert die *Börsen-Zeitung* Ernst & Young, „werde immer weniger zu den Kernkompetenzen der westeuropäischen Autoindustrie zählen.“ Heilix Blechle, kann man da nur ausrufen, was zählt denn dann noch dazu? Die *Börsen-Zeitung* fährt aber fort: „Auch wenn sich die Befragten über die Standortqualitäten sehr positiv äußern, bleiben Ängste nicht verborgen. Dies gilt vor allem für China, wo sich 96 Prozent der West-Unternehmen vor einem Technologieklau fürchten."

Auch Sprachbarrieren (90 Prozent) und Korruption (80 Prozent) bereiten im Boomland China Kopfzerbrechen. Haben wir's nicht gesagt? Vom komplizierten Transfer eventueller Gewinne in die Heimat spricht man gar nicht. Als wenn man sie nicht wirklich erwarte. Fazit: Sie haben alle Angst vor geistigem Diebstahl, Bestechung, Fremdsprache und glauben an Gewinne erst in der Zukunft. Dennoch folgen sie dem Zug der Lemminge nach Asien wie in Trance. Kaum angekommen in der Wirklichkeit der tristen Industriestädte oder den weit in die chinesischen Walacheien ausgelagerten Staatsbetriebe, deren Partner sie werden müssen, überfällt sie ein Frösteln der Einsamkeit wie auf einem fremden Stern.

Die Briten haben seit dem Empire Erfahrung in fremden Betten. Deutsche und andere europäische Unternehmen müssen ihre besten Leute aufbieten, die sich der Tortur der elfstündigen Reisen, der Jetlags und der zähen Verhandlungen mit Chinesen unterziehen. Mit allem Drum und Dran rechnen Unternehmer für einen guten Mann, den sie in China stationieren, 300 000 Euro im Jahr. Diese Barrieren schrecken kleinere Mittelständler ab. So schnell lässt sich ein ROI (return on investment) nicht verdienen. Die Einzigen, die wirklich so schnell wie möglich wieder zurückwollen, sind oft genug die europäischen Mitarbeiter. Die personelle Kontinuität macht den meisten Investoren Sorgen.

Hu Jintao – Die Macht und die Herrlichkeit

Mit Prognosen tun sich alle schwer. Auch Liu wägt bedenklich sein Haupt. „Wie es weitergeht, hängt davon ab, wer die Macht behält", sagt er. „Die eigentliche Macht haben das Politbüro und die Volksbefreiungsarmee. Sie können allen Entwicklungen zusehen. Sie können alle Entwicklungen verhindern." Und dann entwickelt er ein feinsinniges Gespinst aus Kalkül und Vorsehung. Jiang Zemin ist als Armeechef im September 2004 überraschend zurückgetreten Hu Jintao vereinigt jetzt die Macht der drei wichtigsten Ämter in seiner Person: Chef der Armee, Staatspräsident und Parteiführer. Mit Jiang Zemin ist einer der letzten Allmächtigen der alten Ära abgetreten. Der 15 Jahre jüngere Hu weiß, dass er als größten Feind Chinas die Korruption bekämpfen muss. Das nicht ausreichend getan zu haben, bleibt stillschweigender Vorwurf der Reformkräfte an Jiang Zemin.

„Doch Amt ist nicht gleich Macht", schreibt *DIE ZEIT* und fügt hinzu: „Deng Xiaoping war auch als Vorsitzender des chinesischen Bridge-Vereins noch der mächtigste Mann im Land." Der Mythos der Kamerad- und Seilschaften aus alten Zeiten wirkt in China wie Klebstoff aus Cyanacrylat. Trennungen sind nur chirurgisch möglich. Gemeinsame Hypotheken auf dem Gewissen werden erst durch den Tod getilgt. So ist der Prozess, der China bevorsteht, auch von biologischen Faktoren abhängig. Zwei Entwicklungen weisen in eine hoffnungsvolle Zukunft: Die Landflucht scheint ihren Höhepunkt überwunden zu haben. Der Druck auf die Metropolen an der Ostküste lässt nach, sagt der Vorarbeiter eines Gießbetonunternehmens: „Wir haben nicht mehr die Auswahl unter ein paar Hundert, die jeden Morgen auf die Baustellen drängen." Das bestätigen auch die Bürgermeister. Der Grund liegt im Anstieg des Einkommens der Landbevölkerung. Die Statistiken sprechen von mehr als zehn Prozent im letzten Jahr. Es kann sich wieder lohnen, zu Hause zu bleiben. Die Tendenz hält an.

Hu Jintao, der fast 20 Jahre als Ingenieur in Chinas armem Westen Dienst tat, hat dort genug „Sand gefressen", um begriffen zu haben, welche Rolle diese Gebiete für Chinas Zukunft spielen. In die Armutsregionen Gansu (und später Tibet) schickte die Partei nicht gerade ihre Lieblinge. „Hu Jintao weiß, dass Wachstum nicht alles ist für China", sagt Liu. „Er wird das Tempo in einer Weise regulieren, dass die Menschen auf dem Land mitgenommen werden können. Drei Viertel der Chinesen leben dort. Und drei Viertel der Menschen in Beijing, Shanghai und den anderen Riesenstädten hatten Großeltern auf dem Land. Unsere Wurzeln gehen tief. Wir verehren unsere Ahnen und vergessen nicht, woher wir gekommen sind." Da lässt seine Großmutter noch einmal grüßen.

„Riskant", sagt Liu, „sei vor allem die abenteuerliche Kreditvergabe für den Bau von Industrieparks in allen chinesischen Provinzen, die sich gegenseitig mit Kalkulationen ruinieren, die weit unter den Produktionskosten liegen. Sie liefern sich einen unerbittlichen Konkurrenzkampf. Die einfachste Ertragsrechnung abzüglich der Zinsen und Steuern, ganz zu schweigen von Abschreibung und Amortisation stellt die Staatsbetriebe vor unlösbare Schwierigkeiten. Von Tilgung kann keine Rede sein, was die Staatsbanken allesamt schon längst hätte in den Bankrott führen müssen." (Darüber reden wir an anderer Stelle). Von welcher Kraft also nährt sich der internationale Optimismus, China als wirtschaftlichen Fackelträger darzustellen, der den alten Industriegesellschaften neues Licht bringt? „Das Prinzip Hoffnung", sagt Liu. „Die chinesische Hoffnung brennt so sehr, dass der Westen seine kalten Hände über unser Feuer hält. China ist das neue Wirtschaftsherz, das ihr euch implantiert."

Erleuchtung oder Licht auf dem Klo?

Liu bemüht wieder eines seiner historischen Beispiele. Am Ende des 19. Jahrhunderts erwog der Präsident des Patentamtes der Vereinigten Staaten ernsthaft den Gedanken, das Amt in Washington zu schließen. Seine Begründung: Es sei alles erfunden worden, was Menschen sich vorstellen können. Mit weiteren nennenswerten Erfindungen sei nicht mehr zu rechnen. Nach Anwendung des elektrischen Lichts, der Umwandlung des Wasserdampfes in Kraft und der telegrafischen Übermittlung von Nachrichten überstieg das, was noch kommen würde, seine Vorstellungskraft. „Alten Menschen mangelt es an Träumen und Staatsbeamten an Visionen", sagt Liu. Ich antworte mit einem eigenen Beispiel: Noch 1950 sagte mein Großvater auf dem Land, es kommt noch so weit, dass wir auf dem Abort elektrisches Licht haben. Allein der Gedanke ließ ihn in einen Abgrund menschlicher Hybris und, natürlich, Verschwendung blicken. Und in der Schule desselben Dorfes holte sich der Lehrer beim Gemeinderat eine Abfuhr, als er um die Mittel für eine Landkarte von Asien nachsuchte. „Was brauchen unsere Kinder eine Karte von Asien? Da kommen sie ihr Lebtag nicht hin." Es hat in der Tat lange gedauert, bis sie dahin gekommen sind. Das Reich der Mitte war mit seiner historischen Nabelschau zu keiner Zeit allein auf dem Globus.

„Nun sag mal was Kluges für unsere Leser", fordere ich Liu auf. „Ihr im Westen", sagt er, „könnt Eure Probleme lösen. Ihr seid dabei, erste Schritte zu unternehmen. Ihr braucht China, und wir brauchen euch. Unser gemeinsames wirtschaftliches Schicksal ist jetzt schon miteinander verflochten. Ihr braucht uns in der Allianz gegen die aufstrebenden Atommächte Iran, Indien, Pakistan und den gefährlichen Zwerg in Nordkorea." „Was ist mit Russland", werfe ich ein. „Russland schließe ich als Bedrohung weder ein noch aus. Ihr braucht unsere Absatzmärkte. Wir brauchen euer technisches, wirtschaftliches und, am Wichtigsten, euer rechtsstaatliches Know-how, um in Asien eine stabilisierende Rolle auszuüben." „Du meinst Hegemonie", unterbreche ich Liu und erinnere an die chinesischen Diplomaten, die Chirac und Schröder auf die Pelle rücken, um sie zur Rücknahme des Waffenembargos zu bewegen. „Eintausenddreihundert Millionen Menschen in Asien sind Chinesen", sagt Liu, „wer will, kann das auch Hegemonie nennen."

„Armut ist kein Sozialismus" (Deng)

Das Magazin *Forbes* veröffentlichte eine Liste reicher Chinesen. Die reichsten hundert besitzen mit fast 200 Milliarden Yuan etwa so viel wie zwei Prozent des chinesischen Bruttosozialproduktes. Ein anderer Report zählt mehr als 200 000 chinesische Dollar-Millionäre. Die Zahlen transportieren die gleiche Bedeutungslosigkeit wie ähnliche Veröffentlichungen über reiche Leute in Europa oder USA. Diese Zahlen zu kennen, macht arme Leute nicht reicher. Die Chinesen begreifen sie als Ansporn, als Signal dafür, dass jeder eine Chance hat. „Reich werden ist ehrenhaft." Diese Worte von Deng Xiaoping haben viele noch im Ohr. Einen Nebeneffekt hatte die *Forbes*-Veröffentlichung überdies: Die chinesischen Finanzämter waren sehr neugierig, die Angaben des Magazins mit denen der abgegebenen Steuererklärungen zu vergleichen. Unter den betroffenen Chinesen heißt die *Forbes*-Liste seitdem der „Todeskuss".

Der Prophet Liu Zheng

Liu erklärt, dass die *Forbes*-Liste ja nur die Spitze eines Eisbergs darstellt. Die Chinesen sind dabei, einen Mittelstand zu bilden. Der Wohlstand wächst stetig und bildet Vermögen in privater Hand. Weit unterhalb der auffälligen Vermögensgrößen von Millionären verfügt eine neue bürgerliche Schicht über Geld und Einfluss. Eigentum wünscht sich Stabilität und politische Verlässlichkeit. Auch die Partei wünscht sich Kontinuität in der Weiterentwicklung des bisher Erreichten, sonst überlebt sie nicht. „Wir gehen nicht mehr hinter unseren Rubikon zurück", sagt der gebildete Liu. „Mit anderen Worten: Wir haben die Nase voll von Kollektiv und ideologischem Kokolores und befinden uns in einer ähnlichen Situation wie ihr Deutschen nach dem Krieg. Ihr habt viel verloren. Ihr wart hungrig und hattet viel aufzubauen. Am Ende habt ihr alle überholt."

Liu fügt noch eine Reihe von Beispielen an. Die durchschnittliche Arbeitszeit beträgt für Chinesen 2800 Stunden im Jahr; für Deutsche 1500 Stunden. Chinesische Arbeiter verdienen zwischen 60 und 70 Cent pro Stunde, deutsche Handwerksbetriebe rechnen 30 bis 40 Euro pro Arbeitsstunde an Lohnkosten ab. „*Hand*-Werk“, betont Liu, „Hände haben wir genug.“ China pflegt eine zurückhaltende Nachbarschaft mit den umliegenden Nationen. Als Mitglied in den ASEAN- und APEC-Verbänden, aber auch im WTO-Verbund beweisen die Chinesen ihr Interesse an einer stabilen weltwirtschaftlichen und weltpolitischen Ordnung.

Als ungelöste Probleme sieht auch Liu die Korruption und die chinesische Abhängigkeit von Öl und Stahl. Dies bleibt ein Risiko. Problematisch ist auch, dass China nie in die Lage versetzt wurde, eigene Marken zu entwickeln, Produkte, die sich am Weltmarkt feste Plätze erobern konnten. „Du bist eine Marke“, sage ich zu Liu. „Genau“, antwortet er, „China ist das Markenlabel für wachsende Produktivität. Die Chinesen stehen für Fleiß, Genügsamkeit und Intelligenz bei anspruchslosen Löhnen. Darum kommt alle Welt nach China. Geld investiert man nur in hungrige Systeme. An der Börse steigt man auch nicht oben ein“. Ich kenne ihn gut genug um zu wissen, dass er mir gerade eine Lektion erteilt.

„Alle die Heiligen Römischen Reiche in euren Geschichtsbüchern einschließlich des Britischen Empire haben nicht lange gehalten. China ist über fünftausend Jahre China geblieben. Wir haben eine Identität. Unser Reich der Mitte ist auch die Mitte chinesischer Persönlichkeit. Wir haben den Ehrgeiz, uns vom Westen zurückzuholen, was er uns genommen hat. Und der Westen bringt uns in seiner nicht nachlassenden Gier und Güte Technologien und Geld, um es in China zu vermehren. Euer Opium rauchen wir nicht mehr. Jetzt fahren wir eure Autos, bis wir sie selbst herstellen können, bedienen eure Maschinen, bis wir sie selbst bauen können.“ „Und dann werft ihr uns raus?“, frage ich. „Dich nicht“, sagt Liu. „Freundliche Langnasen waren schon seit Marco Polo am Chinesischen Hof willkommen.“

„Aber was dann?“, stelle ich meine letzte Frage. „Ein bisschen bewundern wir euch auch“, sagt Liu, „und wir werden uns eure Freundschaft erhalten. Wir brauchen einander. Der Prozess eurer europäischen Einigung zeigt euch, wie lang die Wege zur Verständigung selbst unter Mitgliedern eines Kulturkreises sind. Und immer noch seid ihr am Anfang und streitet darüber, wer mit in die gute Stube darf und wer nicht. Mal abgesehen von den ethnischen Minderheiten, mit denen wir uns auch arrangieren müssen, glaube ich an die einigende Kraft einer sich erneuernden KPC, die meiner Familie so viel Schlimmes angetan hat. Schlimm wäre eine Wiederholung der Vergangenheit. Das würde unser Land nicht überleben.“

Umbau von ganz unten und ganz innen

Am 15. September 2004 sagte Hu Jintao: „Die Geschichte hat bewiesen, dass es für China nur eine Sackgasse sein kann, politische Systeme des Westens zu kopieren.“ Das ist eine eindeutige Absage an die Übernahme demokratischer Strukturen nach westlichem Vorbild. Wie immer überschlagen sich westliche Kommentatoren wie Großinquisitoren angesichts der Lästerung ihres demokratischen Glaubensbekenntnisses und übersehen in ihrem missionarischen Eifer, was im Schatten der Partei schon zu blühen begonnen hat. Der Parteichef Hu belebt das aktive Wahlrecht der Parteimitglieder auf lokaler Ebene und ermutigt sie, ihre Delegierten auch abzuwählen.

In Ya’an (Sichuan) finden geheime Wahlen statt. Dies ist ein Experiment, und die Wahlen sind wirklich geheim. Einige Parteichefs auf kommunaler Ebene haben ihre Funktionen bereits verloren. *THE ECONOMIST* kommentiert die Entwicklung: „In Ya’an treffen sich die Einwohner mindestens einmal jährlich zum (Wahl)kongress und wählen permanente Komitees, die die Parteipolitik auf lokaler Ebene kontrollieren sollen“ und ihre Parteigenossen im Falle des Versagens abwählen und durch neu Gewählte ersetzen dürfen. Die chinesischen Zeitungen feierten das Experiment bereits als „Durchbruch“.

Schon im April 2004 wurden freie und geheime Wahlen für das Amt des Bürgermeisters in Suqian (Jiangsu) erlaubt. Das aktive wie passive Wahlrecht gilt derzeit naturgemäß nur für Mitglieder der KPC und in ausgesuchten Städten und Gemeinden. Hu Jintao hat alle diese „Experimente“ gefördert und erlaubt ihre Ausdehnung auf andere Gebiete Chinas. „Einige sehen in Mr. Hu bereits den chinesischen Gorbatschow“, schreibt *THE ECONOMIST*. Wiederum wird deutlich, dass man in China nicht auf das achten sollte, was gesagt, sondern was getan wird. Gesagt wird: Unser Haus muss rot bleiben, während einige Innenräume bereits weiß gestrichen werden. Diese Vorgänge entsprechen exakt dem 25. Strategem aus dem Traktat der 36 Strategeme, dem geheimen Buch der Kriegskunst. Harro von Senger hat im Hanser-Verlag die *„36 Strategeme für Manager“* überaus anschaulich aufbereitet. Das 25. chinesische Strategem lautet: Ohne Veränderung der Fassade des Hauses die Stützpfeiler austauschen.

Längst hat die Partei begriffen, dass sich in ideologiefreien Wirtschaftsräumen befreiter und erfolgreicher arbeiten lässt. Von der Implantation demokratischer Zellkulturen in Teilgeweben des politischen Lebens erhofft sich Hu Jintao einen Genesungsprozess, der von innen zu wirken beginnt. Die demokratischen „Experimente“ auf lokaler Ebene führen zur Befreiung von der Inkompetenz der kleinen Parteisekretäre und wirken wie Wasser auf ausgedörrten Boden. Eine Demokratisierung nur der Partei von ganz unten und ganz innen ist ein genialer Schachzug. Ein Blick auf den Erfolg der Wirtschaftssonderzonen zeigt, dass China die wichtigen und starken Figuren zuerst gezogen hat. Jetzt zieht es die Bauern nach. Von dieser ungewöhnlichen Strategievariante bemerken westliche Beobachter so gut wie nichts.

Am Ende unserer Unterhaltung frage ich Liu, welche der alten chinesischen Strategieweisheiten er mir gegenüber anwenden würde. „Das 30. Strategem", sagt er. Ich schlage in von Sengers Buch nach. Das 30. Strategem lautet: „Die Rolle des Gastes in die des Gastgebers umkehren." „Du meinst", sage ich zu Liu „die westlichen Investoren zahlen die Zeche für euer Wachstum?" „Kennst du einen schöneren Ort als China, um das zu tun?", fragt Liu.

China kostet mehr als ein Lächeln

Roter Faden für Investoren in China

Wege zum Erfolg

„Erfolg haben gewöhnlich diejenigen, die naiv genug sind, die gewaltigen Barrieren zu unterschätzen, die sich ihnen in den Weg stellen werden“, steht in einer StartUp-Initiative von McKinsey. An anderer Stelle dieser Empfehlungen rät der Venture Capitalist Eugene Kleiner, schon im Planungsprozess zu prüfen, ob die geschäftlichen Absichten wirklich so tragfähig sind, wie man glaubt: „Fragen Sie sich ernsthaft, ob Sie wirklich fünf Jahre Ihres Lebens investieren wollen, diesen Plan umzusetzen.“ Und schon sieben Jahrhunderte früher warnte der chinesische Stratege Zhuangzi: „Mit etwas Begrenztem dem Unbegrenzten nachzugehen, führt zum Scheitern.“ Bei so viel Zuspruch hält einen nichts mehr zurück. Na, denn los! Auf nach China!

Europäischen und insbesondere deutschen Unternehmern öffnen sich in China immer noch die Türen etwas weiter und etwas bereitwilliger. Aber man erwartet konkrete Vorstellungen, konsistente Planung und dass auch die chinesischen Partner Witterung aufnehmen können für das, was am Ende für sie selbst dabei herausspringt. Für Luftschlösser sind sie nicht mehr zu haben. Der vorliegende „Rote Faden“ ist im Zickzackmuster vernäht. Er fügt verschiedene Betrachtungsweisen aus unterschiedlichen Perspektiven zusammen. Einfache Handlungsanweisungen und Fallbeispiele gehören zu diesem informativen Patchwork ebenso wie Beobachtungen und Erfahrungen aus dem Wirtschaftsalltag. Betrachtungen zum chinesischen Rechtssystem, dem Bankenwesen, den verschiedenen Möglichkeiten der Joint Ventures oder eigenständigen Unternehmen transportieren aktuelle chinesische Realität. Stoff, aus dem die Träume sind, wird nicht verwendet.

1. Voraussetzungen

Wer nicht zu den Wirtschaftsdelegationen der jeweiligen Bundeskanzler gehört, die China mit großem Presserummel ihre Besuche abstatten, muss in der Regel seine Reise selbst organisieren. Viele deutsche Mittelständler haben schon zu Beginn der politischen Öffnung erst einmal eine Reise als Touristen gebucht, um ein Gefühl für das Land zu bekommen. Die klassische Route beginnt fast immer in Beijings Verbotener Stadt. Nanjing, Xian, natürlich Shanghai sind Pflicht. Wer sich verzaubern lassen will, hängt einen Abstecher nach Guilin dran, wo ihn die Einsamkeit der Kormoranfischer auf dem Li-Fluss an seiner unternehmerischen Mission zweifeln lässt. Hier unterliegen selbst Hartgesottene der Ehrfurcht vor einem Blick ins Paradies.

Politische und wirtschaftliche Risiken

Wer danach China immer noch mit den Augen des Unternehmers betrachtet, hat noch eine Reihe von Abschieden zu bewältigen, die im Wesentlichen eigene Vorurteile betreffen. Vom Jahrzehnte langen Beschuss westlicher Medien geprägt wie die Graugänse von Konrad Lorenz, fällt es uns schwer, die Welt mit den Augen der Chinesen zu betrachten. Nehmen wir stellvertretend für viele andere das Beispiel Taiwan, das wohl die folgenreichste Bedeutung für das Bewertungsgeschehen und die Zukunft aller ausländischen Investitionen in China besitzen könnte. Wenn es knallt, unterliegen nicht nur die internationalen Börsen dem freien Fall, sondern neben den Geschicken der Joint Ventures werden vor allem die Wholly Foreign Owned Enterprises (WFOE) in Mitleidenschaft gezogen. Der noch junge Artikel 33 der chinesischen Verfassung, der chinesisches und ausländisches Eigentum in China schützen soll, wird sich gegenüber Unruhen, die mit einer politischen Schwächung Chinas an militärischer Front unweigerlich aufbrechen werden, als das erweisen, was er ist:

ein Stück Papier. Die Invasionsdrohung Beijings („mit nicht friedlichen Mitteln“) im Referendum vom März 2005 schreckt internationale Investoren ernstlich auf.

Einer der erfahrensten Ostasien-Experten ist Prof. Dr. Kindermann, der in Harvard und München arbeitete. Er erinnert daran, dass die USA selbst einen erbitterten Krieg geführt haben, um die Sezession ihrer Südstaaten rückgängig zu machen. „Stellen Sie sich vor, China wäre den USA technologisch überlegen, würde Militärbündnisse mit Mexiko und Panama gegen die USA schließen, würde eine Unabhängigkeitsbewegung auf Hawaii gegen die USA mit Waffenlieferungen und Flottenbewegungen unterstützen und weiterhin in den USA stets wegen Menschenrechtsverletzungen gegen Schwarze, Indianer, Hispanos und asiatische Einwanderer intervenieren, innenpolitische Gegner des US-Regimes unterstützen und von den USA verlangen, die universale Gültigkeit chinesischer Moralvorstellungen zu akzeptieren.“ (Was die von Konfuzius geprägten Varianten dieser Vorstellungen angeht, wäre es nicht einmal der schlechteste Rat.) Kindermanns Vergleich ist nicht an den Haaren herbeigezogen. Dies ist nur eine der Möglichkeiten, ideologischen Ballast über Bord zu werfen. Reisen Sie nach China ohne Vorurteile. Die Rechtssicherheiten sind relativ. Im Augenblick sind sie relativ stabil und stabilisieren sich weiter. Die Krise um Taiwan bleibt vor allen ideologischen Rückschlägen eine der Bedrohungen für ausländisches Eigentum, weil ein Krieg die innenpolitische Ordnung der Volksrepublik erschüttern würde.

Ohne Vorurteile zu reisen, heißt aber auch ohne Ehrfurcht. Die unzähligen Reiseführer für Touristen wiederholen sich in stereotypen Ratschlägen. Der offene Blick und der feste Händedruck verletze die chinesische Intimsphäre, man müsse ständig auf der Hut sein, dass chinesische Partner nicht ihr Gesicht verlieren, und dürfe auf keinen Fall nur einmal ausgesprochene Einladungen von Chinesen annehmen. Das Fax oder der Anruf eines Chinesen, er fände ganz

sicher allein vom Flughafen, Bahnhof oder sonst wo zum Gesprächstermin, sei eine Aufforderung oder Erinnerung, ihn abzuholen, das alles ist ein bisschen richtig. Aber so viele goldene Brücken kann niemand bauen, um die Untiefen des chinesischen Um-die-Ecke-Denkens zu überwinden.

Wer nicht darauf eingeht, auf den gehen in kürzester Zeit die Chinesen ein. Sie haben nach der wirtschaftlichen Öffnung durch Deng Xiaoping genug Zeit gehabt, sich mal wieder auf andere einzustellen, und tun das auch mit der ihnen eigenen Freundlichkeit. Nicht immer erschließt sich dem Ausländer, wer oder was der Anlass für chinesische Heiterkeit ist. Die Unbefangenheit, mit der sie die Langnasen an- oder auslachen, ist ansteckend. Das allein schon erleichtert den Zugang zueinander. Darüber hinaus kennen wir immer mehr chinesische Geschäftsleute, die sich europäische Geradeaus-Manieren angeeignet haben und die Zeit zu schätzen wissen, die man durch Vermeidung von Hokuspokus gewinnen kann.

Geschäftlich oder privat?

Im privaten Bereich empfiehlt es sich, die wichtigsten Regeln aus dem Touristenführer nicht gänzlich zu missachten. Kein Mensch hält mehr Traditionen, Verhaltensregeln und Tabus ein. Eine gewinnende Geste, ein Lächeln bewirken überall auf der Welt Sympathie, auch in China. Wer aber vor Betreten einer chinesischen Privatwohnung die Schuhe auszieht und die Hand nicht zur Begrüßung ausstreckt, hat schon zwei Pluspunkte gewonnen. Gleichwohl ist die Gefahr, mit seinen Bemühungen in die Falle der Lächerlichkeit zu laufen, stets groß, da viele Chinesen in ihrem Privatbereich längst westliche Gewohnheiten angenommen haben. So betrat ich auf Socken die Wohnung meines hochrangigen chinesischen Gastgebers. Der Chinese selbst trug Straßenschuhe und lachte: „Kommen Sie herein und lassen Sie den Quatsch." Risiko. Nehmen Sie die Komplimente nicht zu ernst, die Chinesen Ihnen machen. Aber teilen Sie selbst recht großzügig Freundlichkeiten aus. Zu kühle hanseatische Zurückhaltung dient in China nicht der idealen Beziehungstemperatur. Weinseliger Frohsinn mit Körperkontakt auch nicht.

In seinem Buch „*Der hässliche Chinese*" beschreibt Bo Yang, wie viel Zeit Chinesen mit Interpretationen vergeuden, um zu ergründen, was andere Chinesen vielleicht gemeint haben könnten. An dieser Stelle kann man den alten Kalauer einbringen: Wenn eine Dame Nein sagt, meint sie Vielleicht. Wenn sie Vielleicht sagt, meint sie Ja. Und wenn sie Ja sagt, ist sie keine Dame. Wenn Chinesen Vielleicht sagen, meinen sie Nein, wenn sie Nein sagen, meinen sie, dass unter bestimmten Bedingungen auch wieder ein Vielleicht daraus werden könnte. So kommen die von Ausländern gefürchteten zweiten, dritten und weiteren Verhandlungsrunden zustande, obwohl nach westlichem Verständnis schon am ersten Tag dem Gesprächsergebnis nichts hinzuzufügen gewesen wäre. Verbindlichen Rat kann man nicht erteilen. Eigene Erfahrungen aber bestätigen, dass derjenige, der geradeaus geht, alle die wiedertrifft, die ihren Weg um drei Ecken gemacht haben. Er ist ihnen nur etwas voraus.

Wer als Unternehmer nach China kommen will und keine Geduld aufbringt, sollte sich ein paar schöne Tage auf Hainan machen. Ein sehr zuverlässig funktionierender Schlüssel zu den Herzen der Chinesen ist eine innere Aufrichtigkeit und die Bereitschaft, die Interessen der Gastgeber und Geschäftspartner zu respektieren. Eine hervorragende Entriegelungstechnik für verklemmte Situationen kann auch Humor sein. Die Chinesen selbst haben ihn. „Wir sind das sportlichste Volk der Welt", sagen sie von sich selbst, „bei den vielen Bewegungen, die wir schon mitmachen mussten." Was bedeuten denn die traditionellen Begrüßungsriten? Sie sind Ausdruck von Zurückhaltung, Geduld und Respekt dem anderen gegenüber. Wer sich in seinem Businessanzug dabei nicht wohl fühlt, der kann diesen Respekt auf jede andere Art in seiner persönlichen Botschaft verstecken. Mit einer Empfehlung aber gewinnen Sie immer: Frage nicht, was China für dich tun kann. Frage, was du für China tun kannst! Privat und geschäftlich.

Joint Venture heißt „gemeinsames Abenteuer"

Die intelligenteste aller Maßnahmen zur wirtschaftlichen Belebung Chinas war die Erfindung des Joint Venture. Es ist in der Tat ein „gemeinsames Abenteuer" und funktioniert etwa so, dass China Sie in seinem Haus wohnen lässt, wenn Sie sich um seine kranken Kinder kümmern. Jeder bringt etwas ein zum gemeinsamen Nutzen. Spötter übersetzen Joint Venture auch so: Die Chinesen haben den Fluss, und die Investoren bauen die Brücke. Sie können fast alle Arten von

Geschäften machen, Sie können fast alles produzieren, wenn Sie dabei nur einen chinesischen Partner einbinden, ihn mitnehmen auf Ihrem unternehmerischen Weg, ihn teilhaben lassen an Ihrem Wissen, bis er eigentlich ohne Sie auskommt und allein weitermachen kann. Joint Venture heißt: Sie teilen ein Schicksal, Sie lassen sich auf ein Abenteuer ein wie mit einer fremden Person. Es kann sein, dass Ihr neuer Partner die Pest oder die Cholera oder alles zusammen hat. Daher ist es außerordentlich wichtig, den möglichen Partner vor der Eheschließung – am besten durch Experten – genau zu prüfen, um die Risiken von Ehestreitigkeiten und einer frühzeitigen Trennung zu minimieren.

In jüngster Zeit häufen sich nämlich Probleme, wo chinesische Partner die Hintergründe ihrer Verbindlichkeiten verschwiegen, getarnt oder ihre Bilanzen auf andere Art einer Kontrolle entzogen haben, um ausländische Partner an sich zu binden. Die Ermittlung der ideellen und Inventarwerte eines chinesischen Unternehmens oder gar Staatsbetriebs übersieht leicht eingezogene Zwischenböden, das zweite Journal für den internen Gebrauch oder auch einen Kredit einer der großen Staatsbanken, der zum Beginn der Joint-Venture-Verhandlungen noch gar nicht in den Büchern stand. Das chinesische Unternehmen hatte ohnehin nie die Absicht, ihn zurückzuzahlen. Im Verbund mit einem ausländischen Partner jedoch wird dieser plötzlich Masse einbringen, die den Kreditgeber veranlassen könnte, gegen seine Gewohnheit auch mal eine Vollstreckung durchzuführen. Die Banken sind sogar die Erfinder der „Debt against equity"-Idee, mit der sie Ausländern Anteile eines Unternehmens gegen die Rückzahlung von Schulden anbieten. Das erspart den Optimisten zunächst Liquidität, nicht aber eine genaue Prüfung.

Auch aus diesem Grund wächst neben den Joint-Venture-Optionen die Zahl der zu 100% ausländischen Unternehmen, der Wholly Foreign Owned Enterprises (WFOE).

Die Privatisierung der Staatsunternehmen schreitet nur

langsam voran. Es fehlt an Eigenkapital und an betriebswirtschaftlicher Kompetenz. Chinas vier große Staatsbanken haben sich bei der Finanzierung maroder Staatsbetriebe vollständig verausgabt. Berge von Geld dienten nur dem Erhalt des personellen Status quo, der sozialen Absicherung der Mitarbeiter. Milliardenkredite haben die staatlichen Unternehmen technologisch keinen Schritt weitergebracht. Ein schlimmeres Beispiel von Geldverbrennung gibt es weltweit nur noch in Ostdeutschland, wo von 1,3 Billionen Euro ein großer Teil in Schall und Rauch aufging. Die Chinesen allerdings begreifen im Unterschied zu deutschen Regierungen, dass eine Politik, die Geld ohne Gegenleistung verschenkt, jedes Land ruiniert. Darum rollen sie rote Teppiche für alle aus, die als Investoren die Bereitschaft mitbringen, die kranken Kinder Chinas an die Brust zu legen, um sie mit der Milch wirtschaftlicher Denkungsart hochzupäppeln. Am Ende behält auch in China die alte Erfahrung ihre Gültigkeit, dass eine Mutter eher zwölf Kinder ernähren kann als zwölf Kinder ihre Mutter.

Die „Selfmade Men"

Bei der Auswahl der Pflegefälle treffen westliche Unternehmer auf eine Reihe von Hindernissen, bei deren Überwindung sie den Rat erfahrener Chinaexperten nicht ausschlagen sollten. Mehr Geld können sie gar nicht sparen, als sich bereits im Vorfeld geschäftlicher Aktivitäten einen Minenräumer zu buchen, der sie vor lebensgefährlichen Überraschungen bewahrt.

Sonst kann es Ihnen leicht wie einigen deutschen Mittelstandskollegen gehen, die irgendwo „*den* richtigen Chinesen kennen gelernt" haben, der Deutsch spricht, weil er in Deutschland Sozialpädagogik studiert hat, und nun die Gründung einer hundertprozentigen Tochter seines deutschen Auftraggebers oder ein Joint Venture in einem abgelegenen Teil Chinas vornehmen soll. Den Standort hat er exakt nach dem Wohnort seiner chinesischen Familie ausgerichtet, weil er dort natürlich über das alles entscheidende „Guanxi" („Vitamin B") verfügt. Da fängt schon alles gut an. Das Vertrauen in die chinesische Muttersprache dieses Mannes dominiert die Investmententscheidung des Unternehmers. Die wesentlichen Kriterien ignoriert er, weil er sie nicht kennt. Der Bammel der Unternehmer vor einer Fremdsprache, die fremder kaum sein kann, gibt auch bestimmten Sinologen immer wieder eine Chance bei ausländischen Investoren.

Geradezu allergisch reagieren viele chinesische Unternehmer auf Landsleute, die lange im Ausland gelebt haben und nun auf einer wirtschaftlichen Boomwelle als „Berater" ausländischer Unternehmen wieder ins Vaterland einreiten wollen. „Bananen" nennen die Daheimgebliebenen die Auslandschinesen: „Außen gelb und innen weiß."

Chinesisch lernen oder Geld verdienen?

Was die chinesische Sprache angeht, sollten sich Unternehmer fragen: Wollen sie Geld verdienen oder Chinesisch lernen? Es ist schon fragwürdig, ob ihnen das erste gelingt. Sollte ihnen je das zweite gelingen, erleiden sie wahrscheinlich mit dem ersten Schiffbruch. Denn Zeit ist Geld. Und sie brauchen alle verfügbare Zeit für den Aufbau ihres Unternehmens. Da nirgendwo so sehr der Ton die Musik macht wie in der chinesischen Sprache, sehen sich linguistische Anfänger häufig unverstanden. Die acht Hauptdialekte können selbst Chinesen nicht einwandfrei unterscheiden. Je nach Betonung des einfachen Wortes „ma" kann sich die Mutter als Pferd oder Hanfpflanze beschimpft fühlen, denn schimpfen ist eine weitere Übersetzungsmöglichkeit für „ma".

Am Rande interessant ist, dass Chinesen „beim Sprechen über ein absolutes Tongedächtnis verfügen" (Katharina Kramer). In der Musikpsychologie ist dieses Phänomen bekannt. Das macht chinesische Musiker zu weltweit bewunderten Interpreten von Beethoven, Mozart und anderen. Bewundernswert fühlen sie sich in die Welt der kreativen Titanen ein und geben deren Musik mit einer Perfektion wieder, die westliche Orchesterchefs sprachlos macht. So versteht man auch die chinesische Fähigkeit zum Kopieren besser. Also Vorsicht vor dieser Fremdsprache. Wer viel anfängt zur selben Zeit, macht alles halb und nichts gescheit.

Hunderttausende junge Chinesen sprechen vernünftiges Englisch. Sehr viele haben in Bochum und Köln, Hamburg oder Bayreuth Deutsch gelernt. Ohne Dolmetscher geht es ohnehin nicht oder besser: geht gar nichts. Die Verfügbarkeit der Interpreter ist eine von vielen Voraussetzungen. Für die strategische Planung, Partnersuche, Markterkundung, Durchführbarkeitsprüfungen ist nicht der Dolmetscher zuständig. Er ist „nur" ab dem ersten Schritt auf chinesischem Boden Ihr Appendix. Er ist Ihr Papagei, der auf der Schulter seines Herrn sitzt und nah an dessen Kopf und Mund sein muss. Er hat, außer dass er hoffentlich ein guter Übersetzer in beide Richtungen ist, den großen Vorteil, dass er seinem Herrn Zeit verschafft, während der Übersetzung die nächsten Worte auf die Goldwaage zu legen.

Dort gehören sie hin, bevor sie ins Freie artikuliert werden. Denn Chinesen sind aufmerksame Zuhörer. Hat man zu Beginn einer endlos langen Verhandlungssitzung nur einmal drei statt zwei gesagt und will sich gegen Ende doch auf den für einen selbst günstigeren Wert festlegen, so kann man sicher sein, dass ein chinesischer Protokollant die schlechtere Ziffer schon zur Grundlage aller zukünftigen Verträge gemacht hat. Klettern Sie auf kein Pferd, von dem Sie nicht wieder herunterkommen. Die Chinesen auf der anderen Seite des Tisches schlagen dann die Augen nieder, um Ihre Schande nicht ansehen zu müssen. Das tut weh.

Beraterlatein, sagen einige Unternehmer, die gern „von ganz anderen Sachen" erzählen, die sie mit aufgekrempelten Ärmeln im Urwald oder sonst wo „erledigt" haben. Tatsächlich gibt es erstaunliche Beispiele von „Selfmade"-Gründungen aus der Anfangszeit der achtziger Jahre. In China gibt es aber keinen Urwald, sondern einen Dschungel aus immer komplexer werdenden Gesetzeslianen, in denen auch gerissene chinesische Kaufleute nicht mehr ohne gerissene chinesische Anwälte auskommen. Es gibt z. B. mit Jebsen, Melchers oder HUADE erfahrene Handelsunternehmen. Hervorragende Beratungsunternehmen aber, deren Erfolge überzeugen, gibt es nur wenige. Kriterien für ihre Auswahl sind die Dauer ihrer Erfahrungen in China und ihre Referenzen. Noch besser: die persönliche Empfehlung eines Unternehmens, das seinem Berater die Vermeidung von Fehlern und erfolgreiche Arbeit in China verdankt. Das Geschäft ist eine Kunst. Und „das Gegenteil von Kunst ist gut gemeint", sagt Gottfried Benn.

Sprungbretter für Investoren

Allein kamen immer schon nur die Konzerne zurecht. „Bei Siemens kostet es nicht die Existenz des Unternehmens, wenn wir bei mehr als 40 Investments mit dreien Probleme haben", sagte ein ehemaliger Vorstandsvorsitzender von Siemens. In China beschäftigt der Konzern heute 40 000 Mitarbeiter. Mit Geld kann man nicht nur in China fast alles erreichen. Und die Großen erzählen den Kleinen nicht, wie viel Federn sie in den ersten Jahren ihres Engagements haben lassen müssen. Es ist keineswegs unprofessionell, die ersten Schritte etwas kürzer zu nehmen. Eine beliebte Sammelstelle für mittelständische deutsche Unternehmen befindet sich in den German Centers in Beijing und Shanghai. Die so genannten KMUs – kleine und mittelständische Unternehmen – haben so eine Adresse in China. Der Service des German Center hält Telefon, Personal, Behördenadressen und auch guten Rat bereit, der besonders in Rechtsfragen in Anspruch genommen wird. Unter den Unternehmensvertretern im German Center entsteht ein reger Austausch an Erfahrungen und Synergien.

Für viele Unternehmen ist ein Büro in den German Centers nur ein kurzfristiger Nistplatz. Die German Centers bieten mittelständischen Unternehmen, die neu in China sind und die Zusammenarbeit mit einem Berater scheuen, ein wenig deutsche Geborgenheit im Fernen Osten. Hat das Unternehmen dann vom sicheren Nest aus erste Flugversuche in China gemacht, wird im nächsten Schritt der Standort nach betriebswirtschaftlichen Kriterien gewählt: Nähe zu Kunden, Lieferanten und Behörden.

Produktionsflächen bieten die German Center in China nicht an.

2. Unternehmensformen

Da wir einen Berater zur Seite haben, von dem wir alles abgucken wollen, ohne ihn zu bezahlen, lassen wir uns vier Varianten des Markteintritts in China vorführen:

1. Repräsentanzbüro
2. Joint Venture
3. Wholly Foreign Owned Enterprise
4. Merger & Acquisition

Repräsentanzbüro

Ein Repräsentanzbüro bietet ausländischen Unternehmen nur begrenzten Handlungsspielraum. Wie der Name schon sagt, dient diese Unternehmensform der „Repräsentation", d. h. Kundenkontakte aufbauen, pflegen und den Markt beobachten. Richtige Geschäfte dürfen Repräsentanzbüros nicht machen. Sie dürfen nicht produzieren, nicht handeln, weder ex- noch importieren. In der englischen Übersetzung des Gesetzes heißt es sinngemäß: „Representative offices are not permitted to engage in any direct business activities. They are not permitted to accept payment for goods, issue invoices or contract for sales on behalf of the head office."

Joint Venture

Hintergrundinformationen

Das Joint Venture ist die älteste Investitionsform ausländischer Unternehmen in China. Dabei gründen ein oder mehrere ausländische Unternehmen sowie ein oder mehrere chinesische Partner ein Gemeinschaftsunternehmen. In manchen Geschäftsbereichen erlaubt die chinesische Regierung noch nicht die Gründung von 100% ausländisch-investierten Unternehmen, so dass das Joint Venture in diesen Fällen die einzig mögliche Unternehmensform ist.

Das chinesische Recht sieht zwei mögliche Formen des Joint Venture vor:

- Equity Joint Venture
- Contractual oder Cooperative Joint Venture

Beide Unternehmen sind juristische Personen und werden in der Regel als Gesellschaften mit beschränkter Haftung, vergleichbar mit der deutschen GmbH, gegründet. Beide unterliegen den Gesetzen der Volksrepublik China.

Das Contractual oder auch Cooperative Joint Venture genannte Modell gleicht dem Equity Joint Venture, ist aber in vielen Bereichen der Vertragsgestaltung flexibler und oft nur einem bestimmten Geschäftsziel unterworfen, für das es unterschrieben wird. Heute stellen Contractual Joint Ventures die Ausnahme dar.

Der wesentliche Unterschied zwischen diesen beiden Formen des Joint Venture ist, dass bei einem Equity Joint Venture die Gewinn-/Verlustverteilung zwingend gemäß der Anteile der Partner am Stammkapital erfolgen muss. Bei einem Contractual bzw. Cooperative Joint Venture dagegen kann die Gewinn-/Verlustverteilung frei vereinbart werden.

Die Wahl des richtigen Partners ist – wie bei einer Ehe – von größter Bedeutung. Es kommt nicht selten vor, dass chinesische Unternehmen denken, dass ausländische Investoren „Allheilmittel" für ihr krankes Industriebaby mitbringen. Als erfolgreiche Unternehmen im Ausland hätten diese viel Geld zur Verfügung, um in China lange in Vorleistung zu gehen. Aber: Chinesen denken, Global Player lenken. Klare Verhältnisse schaffen heißt deutlich zu machen, dass es nichts kostenlos gibt. Diese Lektion müssen Chinesen lernen. Wer als Investor versäumt, ihnen das beizubringen, verstrickt sich unabsehbar. Finanzielle Risiken sind zu von vorne herein begrenzen. Je größer die Versprechungen des chinesischen Partners über zukünftige Projekte, je phänomenaler die Ausblicke auf einen Markt mit 1,3 Milliarden „Verbrauchern“, desto mehr ist Vorsicht die Mutter der Porzellankiste.

Gründungsprozess Joint Venture

- *Abschluss einer Absichtserklärung, Projektvorschlag*

Die Partner des geplanten Joint Ventures müssen einen „Letter of Intent“, eine Absichtserklärung formulieren und unterzeichnen. Dieser beschreibt die wesentlichen Ziele der Parteien sowie den groben Rahmen der geplanten Zusammenarbeit.

In seltenen Fällen fordern Genehmigungsbehörden in China auch heute noch einen Projektvorschlag („Project Proposal“), der die wichtigsten Punkte des geplanten Projektes kurz darstellt. I.d.R. ist dieses Dokument jedoch nicht mehr notwendig. Die meisten Genehmigungsbehörden verlangen nur noch die Durchführbarkeitsstudie.

- *Nachweis des Unternehmensstandortes*

Voraussetzung für die Gründung eines Unternehmens in China ist der Nachweis des Unternehmensstandortes (entweder durch Mietvertrag oder Eigentumsurkunde für Landnutzungsrechte und Räumlichkeiten).

- *Namensfindung und -prüfung*

Dem Joint Venture muss ein chinesischer Name gegeben werden, der auf Registrierbarkeit geprüft werden muss.

Üblicherweise werden 3–4 Alternativen ausgearbeitet, die dann den zuständigen Genehmigungsbehörden mit diversen Nachweisen (u.a. Handelsregisterauszüge der Partner) zur Prüfung eingereicht werden. Nach Prüfung wird eine Vorgenehmigung für den Namen erteilt. Damit ist dieser Name für eine gewisse Zeit geschützt, und der Gründungsprozess kann fortgesetzt werden. Der Name des Unternehmens in ausländischer Sprache kann frei bestimmt werden und ist nicht genehmigungspflichtig.

Nomen est omen

Von Ausländern oft unterschätzt wird die Bedeutung der Namensgebung für das Unternehmen, das Produkt oder die Produktreihe. Eine „Übersetzung" kommt nicht in Frage, schon gar nicht buchstabengetreu, wie es so mancher Exportmanager versucht. Es ▸

gibt keine Buchstaben in China, sondern Schriftzeichen. Diese bestehen aus Radikalen und Appendices und ergeben einen Sinn durch Zusammenfügung, der oft sogar mehrere Interpretationen zulässt und sich nur aus dem Textzusammenhang erschließt.

Beliebt sind darum chinesische Begriffe, die das Klangbild des deutschen oder ausländischen Firmennamens annähernd wiedergeben und zugleich eine positive Bedeutung transportieren. Vorbildliche Lösungen werden an den folgenden Beispielen deutlich:

SIEMENS = phonet. Übertragung: **Xi Men Zi** = Westen, Tor; Tor zum Westen

Coca Cola = phonet. Übertragung: **Ke Kou Ke Le** = schmeckt gut, macht Freude

Danone = phonet. Übertragung: **Da Neng** = Energie erreichen

BMW = phonet. Übertragung: **Bao Ma** = Schatz, Pferd

Hanser Verlag = phonet. Übertragung: **Han Sheng** = chinesische Stimme

- *Durchführbarkeitsstudie, Joint Venture-Vertrag und Satzung*

Die nächste Phase der Joint Venture-Gründung umfasst die folgenden Schritte:

- Erstellung der Durchführbarkeitsstudie („Feasibility Study“): Die Durchführbarkeitsstudie beinhaltet eine umfassende Beschreibung des geplanten Projekts: Beschreibung der Investoren, Kapitalverhältnisse, Produkte, Zielgruppen und -märkte, notwendige Infrastruktur, Produktionsausrüstungen und -materialien, Arbeitskräfte, mittelfristige Absatz- und Umsatzschätzung, Kosten- und Erlösrechnung.

- Formulierung und Verhandlung des Joint Venture-Vertrags und der Satzung („Articles of Association"): Bei einem Joint Venture ist dies die wichtigste Phase des Gründungsprozesses. Änderungen des Vertrags sind sehr kompliziert, nachdem er unterzeichnet und genehmigt ist. Daher ist es äußerst wichtig, dass alle Details gründlich diskutiert und das Gewollte in eindeutiger, klarer Sprache niedergeschrieben wird. Regelungen zu Markenzeichen, Patenten, Know How-Transfer etc. sollten entweder im Vertrag oder in separaten Vereinbarungen geregelt werden (z. B. Markenlizenzabkommen, Technologietransferabkommen).

Gerade mittelständische Unternehmen sparen viel Zeit und damit auch Geld, wenn sie die Vorbereitungen und Vorverhandlung der Dokumente durch erfahrene Berater durchführen lassen. In den Phasen, in denen endgültige Entscheidungen getroffen werden, sollten ein kaufmännischer und ein technischer Entscheidungsträger des Klienten in China anwesend sein.

Sämtliche Dokumente müssen den Genehmigungsbehörden in chinesischer Sprache vorgelegt werden. Beratungsunternehmen erstellen zur Information ihrer Klienten alle Dokumente auch in deutscher, englischer oder einer anderen vom Klienten gewünschten Sprache. Die vorgenannten Dokumente müssen zusammen mit diversen Nachweisen (u. a. Handelsregisterauszüge und Bankreferenzen der Investoren, Passkopien der gesetzlichen Vertreter etc.) bei den Genehmigungsbehörden eingereicht werden. Diese prüfen die Dokumente und erteilen i. d. R. ca. 10–20 Tage nach Einreichung der kompletten Unterlagen eine Genehmigung.

- *Geschäftslizenz, Anmeldungen, Eröffnung von Bankkonten etc.*

Nach Erhalt der Genehmigungsurkunde kann bei der „Administration for Industry and Commerce“ die Geschäftslizenz beantragt werden. Mit der Genehmigungsurkunde und der Geschäftslizenz können dann weitere notwendige Anmeldungen, die Eröffnung von Bankkonten etc. durchgeführt werden:

- Anfertigung verschiedener Dienstsiegel/Stempel (für den gesetzlichen Vertreter, Finanzstempel, Firmenstempel),
- Beantragung der Identifizierungskarte des Unternehmens,
- Anmeldung beim Steueramt,
- Anmeldung beim Zollamt,
- Anmeldung beim Arbeitsamt,
- Anmeldung bei der Devisenbehörde,
- Eröffnung eines Devisenkontos für die Kapitaleinzahlung und eines RMB-Kontos,
- Veröffentlichung der Unternehmensgründung in der Zeitung.

Kleiner Exkurs zu Stempeln in China

Mindestens so wichtig wie die geeignete Namensfindung für das Unternehmen ist die Beschaffung der Identifikationsstempel. Nichts ist authentisch ohne Stempel. Behörden werfen nicht mal einen Blick auf ein Papier, das nicht wenigstens achtmal gestempelt ist. Je mehr, desto besser. In den wilden Anfangsjahren sollen Ausländer sogar den Verschluss von Metaxa-Flaschen verwendet haben. Auch das Schladerer-Kirschwasser hat eine sehr schön geprägte Kunststoffkappe, die nach dem alten Gutenberg-Letterndruck mit Hilfe eines Stempelkissens bizarre Abdrücke auf Papier hinterlässt. Das geht natürlich heute nicht mehr. ▸

Der eigentliche Firmenstempel enthält Namen und evtl. Logo in Chinesisch. Wenn noch die in den Schriftverkehr involvierte Abteilung ihren gestempelten Senf dazugibt, auch nicht schlecht. Am wichtigsten aber sind die autorisierenden Stempel der lokalen Behörden, der Finanzverwaltung, vielleicht des Polizeichefs und der örtlichen Parteiführung. Damit es acht werden (chinesische Glückszahl), kann noch ein Prüfungssiegel der Feuerwehr und der Elektrizitätsbehörde hinzukommen. Sie glauben das nicht? Dann versuchen Sie es mal ohne!

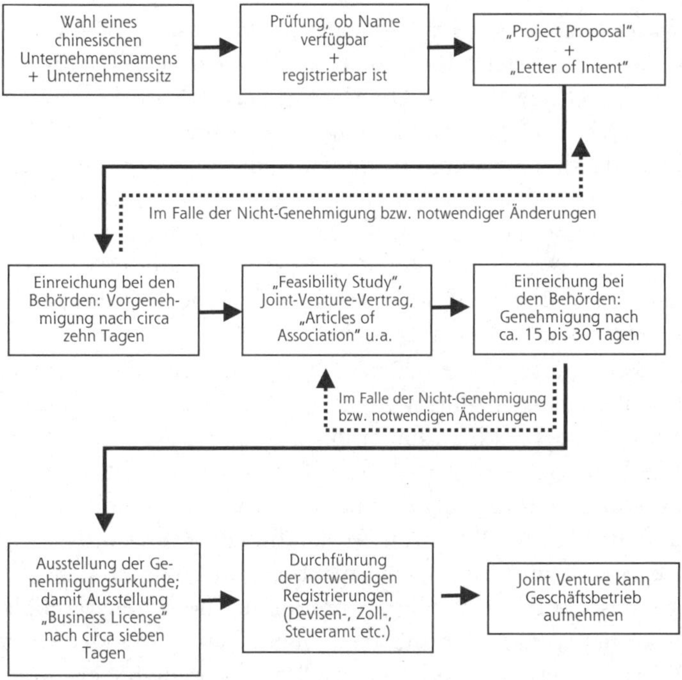

Bild 2 Gründungsprozess im Überblick

Fazit: Joint Ventures sind nur dann eine Option, wenn die Bindung an einen chinesischen Partner evidente Vorteile mit sich bringt und die Risiken und Nachteile definierbar bleiben. Im Fall von politischen und wirtschaftlichen Krisen kann man davon ausgehen, dass der chinesische Staat nationalen Unternehmen seine Unterstützung nicht versagt. Ausländische Investoren befinden sich dann im politischen Windschatten ihrer chinesischen Partner. Dies gilt auch bei rechtlichen Auseinandersetzungen. Chinesische Gerichtsbarkeit urteilt „In dubio pro sino“.

Wholly Foreign Owned Enterprise (WFOE)

Hintergrundinformationen

Wann immer möglich, gründen ausländische Investoren heute vorzugsweise 100 % ausländisch-investierte Unternehmen („Wholly Foreign-Owned Enterprises“, im Folgenden kurz WFOE). Diese Unternehmensform gewinnt an Beliebtheit, da der ausländische Investor die alleinige Entscheidungsgewalt hat und sich nicht mit einem chinesischen Partner auseinander setzen muss. Diese Unternehmensform wird vor allem dann gewählt, wenn die Zusammenarbeit mit einem chinesischen Partner keine maßgeblichen erfolgsentscheidenden Vorteile verspricht.

Nicht tätig werden dürfen WFOEs in den Bereichen nationale Dienstleistungen wie Post und Funkverkehr, Radio, Fernsehen, Telekommunikation, Presse im weitesten Sinn der Nachrichtenverbreitung („Broadcasting“), Personen- und Güterbeförderung und natürlich im Handel mit Grund und Boden (Real Estate). Ausländische Produzenten oder Regisseure dürfen in China nicht einmal Filme drehen, die für das nationale Publikum bestimmt sind. Dreherlaubnis bekommen nur Unternehmen, die China als Kulisse für Filme brauchen, die internationale Verbreitung haben. Aber auch hier schaut man sich das Drehbuch recht genau an.

Schließlich kommt über den internationalen Verleih der Film irgendwann zurück nach China. Mit dem Beitritt zur WTO im Dezember 2001 hat China sich jedoch zum kontinuierlichen Abbau der bestehenden Beschränkungen verpflichtet.

Auch das WFOE wird als Gesellschaft mit beschränkter Haftung, vergleichbar mit der deutschen GmbH, gegründet. Es unterliegt den Gesetzen der Volksrepublik China.

Gründungsprozess WFOE

Der Gründungsprozess und die notwendigen Dokumente entsprechen weitestgehend dem des Joint Venture.

Einzige Unterschiede sind, dass kein Letter of Intent und kein Joint-Venture-Vertrag erstellt werden müssen. Verhandlungen mit einem chinesischen Partner, die mitunter sehr langwierig sein können, entfallen.

Vergleich von Joint Venture und WFOE im Überblick

In den Tabellen 1 und 2 sind die wesentlichen Merkmale des Joint Venture und des WFOE sowie deren jeweilige Vor- und Nachteile im Überblick dargestellt. So erlaubt zum Beispiel die chinesische Regierung seit Ende 2004 die Gründung von bis zu 100 % ausländisch finanzierten Handelsunternehmen.

Tabelle 1 Vor- und Nachteile von Joint Ventures und WFOEs (Teil 1)

	Joint Venture	**WFOE**
Unternehmens-form	Wird i. d. R. als Co. Ltd. gegründet → entspricht weitgehend der deutschen GmbH	Co. Ltd. → entspricht weitgehend der deutschen GmbH
Gründungs-voraussetzungen	• Das Joint Venture ist die beliebteste Unternehmens-form der chinesischen Regierung, da chinesische Unternehmen so am besten von ausländischen Unternehmen profitieren können. • Die Gründung von Joint Ventures ist problemlos in fast allen Bereichen möglich.	• Früher galt, dass ein Großteil der Produk-tion exportiert werden musste, oder dass das Unternehmen High-Tech-Produkte her-stellte. Heute ist die Gründung im produ-zierenden Bereich unproblematisch.
Steuerliche Behandlung	• Ab dem Jahr 2008 gibt es keine Gewinnsteuer-vorteile mehr für ausländisch investierte Unter-nehmen. Der Steuersatz beträgt dann überall 25 %.	
Gründungs-dokumente	• Nachweis der Prüfung des chinesischen Unternehmensnamens • Nachweis des Standortes des Unternehmens • Projekt Proposal (In der Praxis wird heute statt dem Project Proposal häufig nur noch die Feasibility Study gefordert.) Letter of Intent • Feasibility Study • Joint Venture Vertrag • Satzung	• Nachweis der Prü-fung des chinesischen Unternehmensnamen • Nachweis des Stand-ortes des Unterneh-mens • Project Proposal (In der Praxis wird heute statt dem Project Pro-posal häufig nur noch die Feasibility Study gefordert.) • Feasibility Study • Satzung
Gründungs-zeitraum	Ca. 4–6 Monate (exklusive Partnersuche)	Ca. 2–4 Monate

Tabelle 2 Vor- und Nachteile von Joint Ventures und WFOEs (Teil 2)

	Joint Venture	**WFOE**
Vorteile	• Ein chinesischer Partner verfügt bereits über (manchmal sogar gute) Kontakte zu Zulieferern und Kunden sowie zu lokalen Behörden. • Teilung des Risikos und des Kapitalbedarfs. I. d. R. werden Infrastruktur (Land + Gebäude) und Personal vom Partner eingebracht.	• Die Geschäftsführung liegt ausschließlich beim ausländischen Investor. • Keinerlei Intervention durch einen chinesischen Parnter.
Nachteile	• Grundlegende Entscheidungen können nicht ohne Zustimmung des chinesischen Partners gefällt werden. • Größere Gefahr des Know How Verlustes im Vergleich zum WFOE. • Ein Joint Venture ist wie eine Ehe, und leider wächst auch in China die Scheidungquote. D. h. viele ausländische Investoren haben Probleme mit ihren chinesischen Partnern, die z. T. so gravierend sind, dass die Partner sich trennen. Z. B. haben sich in vielen Fällen die ach so guten Kontakte des chinesischen Partners und das angeblich schon existierende Vertriebsnetz als quasi nutzlos erwiesen. Das Thema Personal gibt ebenfalls häufig Anlass zu Streitigkeiten. • Verhandlungen gerade mit Staatsunternehmen können zäh und langwierig sein. Problembereiche sind i. d. R. der hohe Personalbestand, finanzielle Altlasten, personelle Altlasten (Pensionszusagen) und die Bewertung von Infrastruktur (Landnutzungsrechte, Gebäude), Maschinen und Know How.	• Das Projekt muss auf der „grünen Wiese" komplett neu aufgebaut werden. Man kann nicht auf bestehende Infrastruktur, Personal, Kontakte zu Zulieferern, Kunden, Behörden etc., die ein chinesischer Partner evt. hat, zurückgreifen.

Merger & Acquisition

Der Markteintritt durch „Merger & Acquisition" (M & A), d. h. durch Verschmelzung von Unternehmen und den Kauf von Anteilen bzw. die komplette Übernahme von bestehenden Unternehmen, ist bislang in China noch relativ selten. Während weit über 80 Prozent der weltweiten Direktinvestitionen heute über M & A realisiert werden, fließen circa 70 % der ausländischen Investitionen in China immer noch als Joint Ventures oder WFOEs ins Land.

M & A in China begann durch die Gründung von vier Asset Management Companies im April 1999, die insgesamt circa 170 Milliarden US-$ zweifelhafter und uneinbringlicher Forderungen von den Staatsbanken gegenüber maroden Staatsunternehmen übernahmen, um das marode Bankwesen schrittweise zu sanieren. Nach dem Motto „Debt against Equity" (Schulden gegen Eigenkapital) versuchen die Asset Management Companies in den vergangenen Jahren vor allem ausländische Investoren zu finden, die die Schulden gegen Eigenkapital an den Staatsunternehmen übernehmen. Dieses Konzept erweist sich jedoch als schwierig umsetzbar. Die meisten ausländischen Unternehmen bevorzugen ein neues „sauberes" Unternehmen in Form eines WFOE oder eines Joint Venture an Stelle eines maroden Staatsunternehmens mit vielen Altlasten. Während in den ersten Jahren nur die Beteiligung an bzw. die Übernahme von Staatsunternehmen durch ausländische Investoren möglich war, ist es heute auch möglich, Beteiligungen an ausländisch-investierten und chinesischen nichtstaatlichen Unternehmen zu übernehmen. Hierzu wurde die Gesetzgebung in der jüngsten Vergangenheit verbessert.

Heute gelten für M & A in China die folgenden wesentlichen Regeln:

- Durch den Kauf von Anteilen bzw. die Übernahme eines chinesischen Unternehmens, wird dieses zu einem ausländisch-investierten Unternehmen. In gewissen Industrien bzw. Geschäftsbereichen darf der Anteil des ausländischen Investors jedoch bestimmte maximale Prozentwerte nicht überschreiten, so ist z. B. 100 % ausländisches Investment in manchen Bereichen noch nicht möglich.

- Der Kaufpreis kann nicht frei bestimmt werden. Eine Bewertungsbehörde bewertet die Beteiligung. Der Kaufpreis darf nicht wesentlich darunter liegen.
- Die Gesellschafter bzw. die Hauptversammlung bei Aktiengesellschaften des zu kaufenden Unternehmens müssen einen Beschluss über die Bereitschaft zur Übernahme fassen.
- Ein Vertrag über die Beteiligung muss geschlossen werden, in dem auch der Transfer der Mitarbeiter festgeschrieben ist.
- Die Genehmigung der zuständigen Behörde ist erforderlich.
- Beim Verkauf von Staatsunternehmen wird häufig eine Ausschreibung gemacht.

Seit dem Jahr 2003 gibt es auch „Antitrust Rules“, die für „onshore“- und „offshore“-Transaktionen gelten. Diese Regeln sollen sicherstellen, dass durch in- und ausländische M & A-Projekte keine starke Marktkonzentration entsteht, der faire Wettbewerb nicht beschränkt wird und der Verbraucherschutz gewahrt bleibt. So müssen die Parteien eines M & A-Projekts dem Ministry of Commerce und der State Administration of Industry and Commerce einen Bericht erstatten, wenn bestimmte Schwellenwerte überschritten werden. So z. B. wenn der Umsatz eines Partners (inkl. der verbundenen Unternehmen des ausländischen Investors in China) des geplanten M & As in China 1,5 Milliarden RMB (circa 180 Millionen US-$) überschreitet. Tabelle 3 zeigt die Vorteile von M & As in China.

Tabelle 3 M&A in China – Vor- und Nachteile

Vorteile	Nachteile
• Übernahme der bestehenden Infrastruktur, Mitarbeiter, Kunden etc. • Es muss kein neues Unternehmen „auf der grünen Wiese" aufgebaut werden.	• Die Gesetzeslage weist immer noch Lücken auf. • Gerade bei der Übernahme von Staatsunternehmen werden auch viele Altlasten übernommen.

3. Markteintritt

Dass China im globalen Umfeld ein Markt ist, der nicht zu vernachlässigen ist, ist mittlerweile jedem klar. Dem Unternehmer stellen sich nur die Fragen „WELCHE Marktchancen gibt es exakt für mein Unternehmen, und WIE erschließe ich sie am besten?".

Grundsätzlich gilt, dass man China nicht „halbherzig" angehen darf. Jegliches Projekt in diesem Land erfordert die volle Unterstützung der Geschäftsleitung. Die sorgfältige Vorbereitung des Markteintritts in China ist gerade für mittelständische Unternehmen, für die eine Fehlinvestition existenzielle Folgen haben kann, von größter Bedeutung. Viele Geschäftsfelder sind bereits durch ausländische und zunehmend auch durch chinesische Unternehmen besetzt, so dass grundsätzlich zuerst eine Marktuntersuchung (vor allem Zielgruppenidentifikation, Marktpotenzial, Wettbewerber, Preissituation) von einem unabhängigen Unternehmen durchgeführt werden sollte.

Es gibt viele Beispiele von Unternehmen, die sich bei der Planung ihres China-Engagements auf die Informationen ihres chinesischen Partners verließen und damit im wahrsten Sinne des Wortes verlassen waren: Prognostiziertes Marktpotenzial und Marktanteile, die die Basis für den Bau der Produktionsstätten bildeten, konnten nicht realisiert werden, so dass Überkapazitäten und hohe Kosten diese Unternehmen belasteten. Nicht selten war auch der Sitz des chinesischen Partners nicht optimal für die geplanten Aktivitäten. Die Standortentscheidung sollte grundsätzlich nach folgenden wirtschaftlichen Kriterien getroffen werden: Nähe zu Kunden und Zulieferern, gute Infrastruktur, Mitarbeiterpotenzial. Wo der chinesische Partner seinen Sitz hat, spielt eine völlig untergeordnete Rolle.

Aus den Ergebnissen der Marktuntersuchung ergeben sich die Optionen des Markteintritts. Anständige Berater raten gelegentlich auch von einem Markteintritt ab, wenn die Voraussetzungen nicht stimmen.

Die Möglichkeiten des Markteintritts sind vielfältig und für jedes Unternehmen individuell. In der Vergangenheit rufen ausländische Unternehmen, die bereits in China produzieren, zunehmend ihre ausländischen Zulieferer auf, auch in China zu fertigen, um ihren lokalen Fertigungsanteil („Local Content") zu erhöhen. Dies geschah in der Vergangenheit überwiegend im Automobilbereich, heute zunehmend auch in anderen Industrien. Solche Zulieferer haben häufig Abnahmezusagen von ihren Hauptkunden in China und können auf dieser Basis mit einer Produktionsstätte in China verlässlich kalkulieren.

Viele mittelständische Unternehmen sind jedoch nicht in der komfortablen Situation, sichere Abnehmer in China zu haben. Für diese Unternehmen bietet sich ein Marktaufbau in überschaubaren Schritten an. Der Vertrieb kann zunächst durch einen oder mehrere Agenten in China aufgebaut werden. Ist ein bestimmtes Umsatzvolumen erreicht, kann das Engagement bis zum Aufbau einer eigenen Produktionsstätte ausgebaut werden.

Grundsätzlich gilt für jedes China-Engagement, dass eine enge Begleitung durch das Mutterhaus entscheidend für den Erfolg ist. Dies bedeutet regelmäßige Besuche der Projektmanager der Muttergesellschaft sowie Schulung chinesischer Mitarbeiter in China oder im Ausland. Eine „Fernsteuerung“ aus dem Ausland ist nicht möglich.

Im Folgenden gehen wir im breiten Spektrum der Möglichkeiten auf drei Themenbereiche ein:

1. Export oder Produktion?
2. Vertrieb und Service in China
3. Handelsaktivitäten in China

Export oder Produktion?

Produzierende Unternehmen stehen vor der Frage „Soll ich meine Produkte nach China exportieren, oder lohnt es sich, eine Produktion aufzubauen?“. Die Frage kann nur durch eine fundierte Marktuntersuchung beantwortet werden. Grundsätzlich gilt, dass der Export für den Aufbau des Marktes geeignet ist. Um jedoch langfristigen Erfolg auf dem chinesischen Markt zu sichern, ist eigene Produktion meist unumgänglich.

Neben der Erschließung eines zusätzlichen Absatzmarktes gibt es für ausländische Unternehmen einen weiteren Grund, in China zu investieren. Endprodukte oder Komponenten können in China auch für den heimischen Absatz bzw. die heimische Produktion günstig hergestellt oder eingekauft werden.

Unternehmen, die sich dem Trend der Globalisierung entziehen, sind sich der Folgen oft nicht bewusst. Ihre internationalen Wettbewerber, die in China bereits aktiv sind, verbessern ihre Wettbewerbsposition durch die Erschließung eines neuen Absatzmarktes und durch günstigen Einkauf oder Produktion. Auch chinesische Unternehmen holen auf. Bislang gibt es nur wenige chinesische Global Player, die von China aus die Weltmärkte erobern, wie z. B. Haier, Hersteller von weißer Ware, circa acht Milliarden Euro Umsatz p. a., Produktion in 13 Ländern, Absatz in 165 Ländern. Unterhaltungselektronikhersteller TCL und Computerher-

steller Lenovo sind weitere Beispiele expandierender chinesischer Unternehmen. Solche Unternehmen beginnen bereits heute, schwache Unternehmen in Europa und damit deren Marken, Vertriebskanäle, Kunden und Mitarbeiter zu übernehmen. Die Produktion verbleibt meistens im kostengünstigen, flexiblen China. Investitionen in China führen nicht zwingend zum Abbau von Arbeitsplätzen in Deutschland. Die Tabellen 4 und 5 zeigen die Vor- und Nachteile des Exports nach China und der Produktion in China.

Tabelle 4 Vor- und Nachteile des Exports nach China

Vorteile	Nachteile
• Importierte Produkte sind in China immer noch ein Synonym für Qualität. • Eine importierte Maschine genießt höhere Akzeptanz als eine von demselben Hersteller in China produzierte gleichwertige Maschine. • Export von Gütern nach China bindet weniger Kapital als eigene Produktion in China. • Der Markt kann mit den exportierten Gütern schrittweise aufgebaut werden, bis Verkaufsvolumen erreicht werden, die Investitionen in eigene Produktionsanlagen rechtfertigen.	• Auch nach Chinas Beitritt zur WTO verteuern sich exportierte Produkte durch Transport, Versicherung, Zölle (die schrittweise reduziert werden), Gebühren von Im- und Exportfirmen und die immer wieder strittige Frage nach der Erstattung der Mehrwertsteuer. • In der Regel lange Lieferzeiten aufgrund langer Transportwege, da Lager nur für „Standardprodukte" gehalten werden kann. • Lokal hergestellte Produkte verbessern sich immer weiter und werden im Vergleich zu Importprodukten immer wettbewerbsfähiger. • Chinesische Genehmigungsbehörden bevorzugen eindeutig Ausländer mit Produktionsstandort in China vor ausländischen Exporteuren.

Tabelle 5 Vor- und Nachteile der Produktion in China

Vorteile	Nachteile
• Produktion in China kann als Plattform für die Bedienung umliegender asiatischer Länder genutzt werden. • Kunden in China und den umliegenden Ländern können optimal bedient werden. • Nutzung von Produktionskostenvorteilen, z. B. niedrige Lohnkosten, günstiger Einkauf bestimmter Teile etc. • Produktionskostenvorteile evtl. auch für Muttergesellschaft, indem z. B. bestimmte Teile günstig in China für die Produktion in Deutschland/Europa eingekauft werden.	• Kapitalbindung • Normales Risiko, das die Investition in eine Produktionsstätte mit sich bringt. • Die Akzeptanz der „Made in China"-Produkte ist geringer als die gegenüber importierten Produkten.

Vertrieb und Service in China

Ein gutes Vertriebs- und Servicenetz ist sowohl beim Export als auch bei einer lokalen Produktion in China von größter Bedeutung. Investoren müssen sich entscheiden, ob sie Vertrieb, Service und After Sales Service in eigener Regie durchführen oder anderen Unternehmen anvertrauen. Gute Adressen sind ausländische Handelshäuser, wie z. B. Jebsen oder Melchers, die eine Vielzahl ausländischer Unternehmen in China vertreten, deren Produkte in China vertreiben und auch Service anbieten. Es bieten sich auch immer mehr leistungsfähige lokale Distributoren an, die auf bestimmte Bereiche spezialisiert sind. Die meisten sind jedoch nur von regionaler Bedeutung.

Da es in China nach Jahrzehnten der Planwirtschaft keine effizienten Vertriebskanäle und Handelsstrukturen gibt, bauen sich die meisten Unternehmen ein eigenes Vertriebsnetz auf, das oft ein Mix aus den vorgenannten Optionen ist:

- Einige ausländische Exporteure arbeiten mit ausländischen Handelsunternehmen und/oder lokalen Distributoren zusammen, verfügen aber gleichzeitig noch über eigene Büros, um die Kontrolle über den Vertrieb und Service zu behalten.
- Unternehmen, die in China produzieren, verfügen über eigene Vertriebs- und Servicevertretungen an den wichtigsten Standorten und arbeiten an anderen Standorten häufig mit lokalen Distributoren zusammen.

Die Vor- und Nachteile der verschiedenen Vertriebsformen sind in den Tabellen 6 und 7 dargestellt.

Tabelle 6 Vor- und Nachteile von Vertrieb und Service durch eigene Vertretung

Vorteile	Nachteile
• Vollständige Kontrolle über Vertrieb und Service. • Jederzeit Eingriffs- und Korrekturmöglichkeit am System. • Überzeugt die Kunden vom uneingeschränkten Commitment für den chinesischen Markt.	• Kostenintensiv, da Vertretungen an verschiedenen Standorten aufgebaut werden müssen.

Tabelle 7 Vor- und Nachteile von Vertrieb und Service über ausländische Handelsunternehmen

Vorteile	Nachteile
• Kostengünstiger, da Nutzung eines funktionierenden und bewährten Vertriebs- und Servicenetzes möglich. • Erfolgsabhängige Vergütung koppelt Zahlungsverpflichtung an den Erfolg des Vertriebspartners. • Evtl. Nutzung bestehender Kundenkontakte des Handelsunternehmens. • Evtl. Synergievorteile aufgrund komplementärer Auftraggeber bzw. Produkte des Handelsunternehmens.	• Vertriebserfolge abhängig von der Motivation fremder Mitarbeiter. • Begrenzte Kontrolle über Vertrieb und Service. Nur mittelbare Kontrolle der Kundenzufriedenheit. • Verspätete Reaktion auf spezifische Kundenwünsche.

Handelsaktivitäten ausländischer Unternehmen in China

Bis Ende 2004 war es für ausländische Unternehmen nicht möglich, 100% ausländisch-investierte Handelsunternehmen in China außerhalb bestimmter Freihandelszonen zu gründen. Die heute bestehenden Möglichkeiten sind im Folgenden dargestellt.

Neue Verwaltungsvorschriften für Handelsaktivitäten ausländisch-investierter Unternehmen

Seit dem 1. Juni 2004 sind die neuen Verwaltungsvorschriften für Handelsaktivitäten ausländisch-investierter Unternehmen in Kraft getreten. Die neuen Vorschriften ermöglichen ausländisch investierten Unternehmen die Gründung von Handelsunternehmen in China. Sie beziehen sich auf folgende Geschäftsfelder: Vertretungsgeschäfte auf Provisionsbasis, Großhandel, Einzelhandel und Franchise-Aktivitäten.

Bestimmte Voraussetzungen müssen erfüllt sein:

- Das Stammkapital muss dem Geschäftsumfang entsprechen.
- Die Laufzeit des Unternehmens beträgt in der Regel nicht mehr als 30 Jahre, in Zentral- und Westchina nicht mehr als 40 Jahre.
- Der ausländische Investor soll einen „guten Ruf" haben. Er darf nicht gegen chinesisches Recht verstoßen haben. China legt Wert auf das Prinzip „Saubere Weste".
- Die Vorschriften ermutigen zur Gründung von Handelsunternehmen durch wirtschaftlich starke Unternehmen mit fortgeschrittener Managementerfahrung und internationalen Vertriebsnetzen.
- Die Gründung bedarf der Genehmigung der chinesischen Behörden, in der Regel auf Provinzebene.

Die Gründung von 100% ausländisch-investierten Handelsunternehmen ist seit dem 11.12.2004 möglich. Ausländisch-investierte Produktionsunternehmen, die bereits in China aktiv sind, können ihre Geschäftslizenzen erweitern, wenn die genannten Voraussetzungen erfüllt sind.

Gründung von Handelsunternehmen in selektierten Freihandelszonen

In selektierten Freihandelszonen in China ist die Gründung von 100 % ausländisch-investierten Handelsunternehmen bereits seit mehreren Jahren möglich. Mit der bereits beschriebenen Lockerung entfällt dieser Sonderstatus, den die Freihandelszonen im Handelsbereich bislang innehatten. Ihr wesentlicher Vorteil bleibt jedoch immer noch die zollfreie Lagerung und gegebenenfalls Verarbeitung bzw. Herstellung von Produkten in der Freihandelszone. Erst wenn Waren aus der Freihandelszone entnommen werden, gilt dies als Import und entsprechende Zölle und Gebühren fallen an.

Die für Investoren bedeutendste Freihandelszone ist die „Wai Gao Qiao Free Trade Zone“ in Shanghai Pudong. Ausländischen Investoren bieten sich dort die folgenden Möglichkeiten:

- Gründung einer „Trading Company“, deren Ziel ausschließlich der Im- und Export ist.
- Gründung einer „Distribution Company“: Unternehmen, die ihre Produkte nicht nur in China, sondern in ganz Asien vertreiben wollen, können die Produkte in der Freihandelszone abgabenfrei zwischenlagern und von dort aus in der Region verteilen.
- Gründung eines Produktionsunternehmens: Produktion in der Freihandelszone mit dem Vorteil, dass Waren abgabenfrei importiert und verarbeitet werden können und dann von dort aus in China bzw. in anderen umliegenden Ländern vertrieben werden können.

Die wesentlichen Merkmale dieser Optionen sind in den Tabellen 8 bis 10 dargestellt und können sich bereits nach Erscheinen des Buches wieder geändert haben.

Tabelle 8 Merkmale einer „Trading Company" unter Vorbehalt

„Trading Company" in Wai Gao Qiao Free Trade Zone, Shanghai Pudong	
Unternehmenszweck	• Internationaler Handel, Transithandel, Handel mit Unternehmen innerhalb der Freihandelszone, Handelsagent innerhalb der Zone, einfache kommerzielle Verarbeitung, Vertrieb in China in RMB • Offiziell darf bei dieser Unternehmensform kein eigenes Lager gehalten werden. Jedoch kann die Trading Company mit Transport-/Logistikunternehmen innerhalb der Zone zusammenarbeiten, die Lagerfläche zur Verfügung stellen. Offiziell darf bei dieser Unternehmensform auch kein Service angeboten werden.
Gründungsvorraussetzungen	• Mind. 500 000 RMB Stammkapital • Mind. 20 m^2 Bürofläche (entspricht circa 25 000 RMB, circa 2500 Euro p. a.)
Büros außerhalb der Zone	Eine Trading Company darf in jeder anderen Stadt Chinas Zweigbüros eröffnen.
Steuervorteile	• Gewinnsteuer: 15% (normalerweise 33%); ggf. werden 7% davon von der chinesischen Regierung während der ersten zwei Geschäftsjahre subventioniert und in den Folgejahren noch 2,5%. • 3% MwSt. auf inländischen Handel wird bis 2005 erstattet (vorausgesetzt, dass der Import-/Export-Umsatz mindestens 15% des Gesamtumsatzes ausmacht). • NB: Es ist nicht auszuschließen, dass die Steuervorteile in den kommenden Jahren abgebaut werden.
Gründungsprozess	Ähnlich wie die Gründung eines WFOE, etwas vereinfacht.

Tabelle 9 Merkmale einer „Distribution Company"

„Distribution Company" in Wai Gao Qiao Free Trade Zone, Shanghai Pudong	
Unternehmenszweck	• Lagerhaltung, Distribution, Import/Export, Vertrieb in China in RMB, After Sales Service, technische Beratung, einfache kommerzielle Verarbeitung
Gründungsvorraussetzungen	• Mind. 500 000 RMB Stammkapital • Mind. 400 m^2 Netto-Büro-/Lagerfläche

Tabelle 9 Fortsetzung

„Distribution Company" in Wai Gao Qiao Free Trade Zone, Shanghai Pudong	
Büros außerhalb der Zone	• Eine Distribution Company darf in jeder anderen Stadt Chinas Zweigbüros eröffnen.
Steuervorteile	• Gewinnsteuer: 15% (normalerweise 33%); ggf. werden 7% davon von der chinesischen Regierung während der ersten zwei Geschäftsjahre subventioniert und in den Folgejahren noch 2,5%. • 3% MwSt. auf inländischen Handel wird bis 2005 erstattet (vorausgesetzt, dass der Import/Export-Umsatz mindestens 15% des Gesamtumsatzes ausmacht). • NB: Es ist nicht auszuschließen, dass die Steuervorteile in den kommenden Jahren abgebaut werden.
Gründungsprozess	Ähnlich wie die Gründung eines WFOE, etwas vereinfacht.

Tabelle 10 Merkmale eines Produktionsunternehmens

Produktionsunternehmen in Wai Gao Qiao Free Trade Zone, Shanghai Pudong	
Unternehmenszweck	• Herstellung und Bearbeitung, Lagerhaltung und Distribution, Import/Export, Vertrieb in China in RMB, After Sales Service, technische Beratung
Gründungsvoraussetzungen	• Mind. 500 000 RMB Stammkapital • Mind. 400 m^2 Netto-Nutzfläche (inkl. Büro)
Büros außerhalb der Zone	• Ein Produktionsunternehmen darf in jeder anderen Stadt Chinas Zweigbüros eröffnen.
Steuervorteile	• Gewinnsteuer: 15% (normalerweise 33%); in den ersten zwei Gewinnjahren komplette Steuerbefreiung, in den folgenden Jahren werden weitere 7% subventioniert. • 3% MwSt. auf inländischen Handel wird bis 2005 erstattet (vorausgesetzt, dass der Import/-Export-Umsatz mindestens 15% des Gesamtumsatzes ausmacht). • MwSt.-Erstattung auf inländische Rohmaterialien und Produkte, die exportiert werden. • NB: Es ist nicht auszuschließen, dass die Steuervorteile in den kommenden Jahren abgebaut werden.
Gründungsprozess	Ähnlich wie die Gründung eines WFOE, etwas vereinfacht.

Betreuung durch Anwälte

Seit langem haben sich in China viele international tätige Rechtsanwaltskanzleien niedergelassen. Kaum jemand kommt ohne Sozietät mit einem chinesischen Rechtskollegen aus. Viele unterhalten „nur“ ein Repräsentanzbüro, haben sich aber spezialisiert auf Rechtsgebiete, die insbesondere von Aktiengesellschaften und international operierenden Konzernen gefragt sind.

Gelegentlich fehlt den ausländischen Attorneys neben der Zulassung vor chinesischen Gerichten vor allem das wirtschaftliche Verständnis für die Probleme der industriellen Mandanten und Investoren. Ihre Honorare haben sich bei Stundensätzen von 600 bis 700 US-$ gewaschen. Auch sind unter den ausländischen Juristen viele Sinologen zu finden, die um ihre Akzeptanz bei „richtigen chinesischen Juristen“ zu kämpfen haben.

Ein echter „Wald-und-Wiesen-Anwalt“, der durch viele Feuer gegangen und auch bereit ist, seinen Schreibtisch zu verlassen, um für seinen Mandaten buchstäblich in die Bresche zu springen, wird mittelständischen Unternehmern von pragmatischerem Nutzen sein. Immer wieder gibt es Ereignisse, Missverständnisse, Auseinandersetzungen innerhalb der Unternehmen, aber auch mit Behörden, Stadtverwaltungen, Parteikadern, die einen anwaltlichen Einsatz über mehrere Tage notwendig machen.

Wir sind Zeuge erstaunlicher Einsätze geworden, in denen abgebrühte chinesische Anwälte in einer Mischung aus Diplomatie und Beharrungsvermögen Ergebnisse für ihre ausländischen Mandanten erzielt haben, die eine renommierte internationale Kanzlei nie zustande gebracht hätte. In der Reportage „Nur ein Aufstand“ in diesem Buch wird der Einsatz eines erfolgreichen chinesischen Anwalts beschrieben.

Mittelständische Ärmelaufkrempler können in unmittelbaren Auseinandersetzungen mit Chinesen allerdings auch selbst einiges erreichen. Heidi H., Managerin eines deutschen Beratungsunternehmens, hatte auf einem Inlandsflug ein First Class-Ticket gebucht. Nach dem Einsteigen bemerkt sie, dass überhaupt keine First-Class vorhanden ist. Als sie ihr Geld zurück will, sieht sich die Stewardess außerstande, dem Wunsch nachzukommen. Die Deutsche macht einen solchen Rabatz im Flugzeug, dass sich der Abflug verzögert. Schließlich kommt der Pilot aus der Kanzel, greift zum Portemonnaie und erstattet der Reisenden die Differenz. Erst danach erfolgt der Start. Die Ermittlung des Siedepunktes jedoch, wo chinesische Sturheit in Aggression umschlägt, überlassen Newcomer besser lokal oder regional erfahrenen Anwälten.

Einen anderen Aspekt der Bedeutung eines guten Anwalts oder erfahrenen Beraters beschreibt Uwe Stehrenberg, Senior Manager der Dresdner Bank in Shanghai. Er hält es für wichtig, dass gerade Mittelständler ihre Reputation gegenüber chinesischen Partnern aufwerten, wenn sie „nicht alles zur Chefsache" erklären. Konzerne sind hierarchisch aufgestellt und teilen Verantwortung bestimmten Managern zu. Wenn die Personaldecke eines mittelständischen Unternehmers eine Strukturierung in Zuständigkeiten oder Abteilungen noch nicht zulässt, übernehmen Anwalt oder Berater zeitweise Verhandlungen in Vertretung des Chefs. „Der König ist immer die letzte Instanz", sagt Stehrenberg. Er sollte nur auftreten, wenn „letzte Dinge" zu entscheiden sind. „Die Gefahr für einen mittelständischen Unternehmensführer im Vorfeld von Verhandlungen verbrannt zu werden, kann sein Ansehen zerstören".

Betreuung durch Berater

„If you can't do it, teach it" enthält wie alle Gemeinheiten ein Körnchen Wahrheit. Mittelständler sind von Natur aus misstrauisch gegenüber beratenden Schlaumeiern, „die ja von dem, was wir machen, keine Ahnung haben". Das kommt daher, dass viele Chefs mittlerer Unternehmen von dem, was Berater in China machen, auch keine Ahnung haben. Wenn sich das beide gegenseitig erklären ließen, hätten sie eine klassische „Win-Win-Situation". Ob überhaupt beide ihr Geschäft verstehen, ist nur „evidenzbasiert" anhand nachweisbarer Erfolge zu belegen.

Fakt ist, dass gerade mittelständische Unternehmen, die nicht über die finanziellen und personellen Ressourcen der Großunternehmen verfügen, gut beraten sind, ihr China-Engagement gemeinsam mit einem erfahrenen Berater zu planen, der zumindest auch die Anfangsphase mit begleitet. Dies spart dem in China noch unerfahrenen Unternehmer viel Zeit, Kopfschmerzen und Geld. Gerade die Planungsphase ist extrem wichtig, da Projekte, die nicht richtig auf den Schienen laufen, zwangsläufig entgleisen.

Im Zuge des China-Booms sind die China-Berater wie Pilze aus dem Boden geschossen. Viele sind ungenießbar, weil unqualifiziert. Viele arbeiten von ihren Büros in Europa aus und verfügen in China nicht über eine operative Basis. Bei der Auswahl eines qualifizierten Beratungsunternehmens sollte daher vor allem Augenmerk auf nachweisbare Referenzen gelegt werden. Wichtige Fragen sind auch, ob das Unternehmen über eigene Büros in China verfügt, wie lange es bereits in China tätig ist und über welche Qualifikationen die Mitarbeiter vor Ort in China verfügen. Qualifikation zeigt sich nur im persönlichen Gespräch und durch nachweisbare Referenzen. Ganz sicher gehen Investoren, wenn sie Auskünfte bei anderen Unternehmen einholen, die ihren Beratern Erfolge und Gewinne verdanken.

Die Leistungspalette, die ein qualifiziertes Beratungsunternehmen in China bietet, ist im Folgenden dargestellt.

- *Strategischer Markteintritt*
  - Marktuntersuchungen
  - Vertriebstests
  - Strategieentwicklung

- Identifikation qualifizierter Partner und Due-Diligence-Studies
- Gründung von Repräsentanzbüros, Joint Ventures, Wholly Foreign Owned Enterprises: Erstellung von Feasibility Studies, Verträgen und anderen für den Genehmigungsprozess notwendigen Dokumenten, Verhandlungsführung, Durchführung des Genehmigungsprozesses etc.
- Vorbereitung und Begleitung von Merger & Acquisition-Transaktionen
- Unterstützung beim Unternehmensauf- und -ausbau, z.B. durch Personalsuche, Auswahl von Büro- und Produktionsflächen, Beschaffung notwendiger Lizenzen etc.

■ *Marketing und Vertrieb*

- Marketing- und Vertriebsstrategien
- Zielgruppenorientierte Vertriebstests
- Unterstützung beim Aufbau oder der Optimierung von Vertriebsnetzen
- Messevor- und Nachbereitung, Unterstützung während der Messe
- Wettbewerbsanalysen und -vergleiche
- Schulung und Qualifizierung von Mitarbeitern
- Organisation und Entwicklung
- Restrukturierungen
- Beschaffungsmarketing
- Personalsuche
- Behördenkontakte
- Übersetzungen
- Außergerichtliche Vermittlung zwischen Geschäftspartnern
- Verbindung zu und Kooperation mit Anwälten

4. Finanzen

Steuern und Sozialversicherung

Zwar gibt es nationale Regeln bezüglich der Besteuerung in China, jedoch gibt es darüber hinaus mindestens ebenso viele Ausnahmen und Sonderregelungen für verschiedene Städte und Regionen in China. Ausländische Investoren genießen verschiedene Steuervorteile in China. Gesetzlich gesichert sind dabei nur die der heute noch 52 staatlich anerkannten Sonderwirtschaftszonen. Bürgermeister, Parteivorsitzende oder Leute von kleinen, so genannten Entwicklungszonen versprechen oft Steuervergünstigungen, die häufig keine gesetzliche Grundlage haben.

Mit der 2007 verabschiedeten Steuerreform werden die Gewinnsteuervorteile von ausländisch investierten Unternehmen abgeschafft.

Aufgrund der Vielzahl von Ausnahmen sowie regionaler Unterschiede werden im Folgenden nur die wesentlichen Steuerarten kurz umrissen. Die individuelle Steuersituation ist vom konkreten Standort, dem Unternehmenszweck und nicht zuletzt auch vom Verhandlungsgeschick des jeweiligen Unternehmens abhängig und muss bei der Planung eines konkreten Investitionsvorhabens geprüft werden.

Ertragsbesteuerung

Die Ertragsbesteuerung ist mit grundsätzlich 25 Prozent nationaler Steuer einheitlich. Zahlreiche Ausnahmen bestätigen die Regel. Einige Küstenstädte bieten günstigere Ertragssteuersätze. Die lokalen Steuern betragen 3 %.

Ausländisch-investierte Unternehmen genossen zuvor Vergünstigungen bei der Ertragsbesteuerung. In der Regel waren die ersten zwei Jahre ab dem ersten Gewinnjahr von der Ertragsbesteuerung befreit. In den drei Folgejahren betrug die Ertragsbesteuerung 50 % des regulären Steuersatzes.

Beispiel: Nach einem Start mit drei negativen Geschäftsjahren begann die Besteuerung im vierten Jahr, wenn die Erlöse und Kosten im vierten Jahr insgesamt einen schmalen Gewinn auswiesen. Ein guter Buchhalter wusste das geschickt zu steuern und steckt den kleinen Ertrag z. B. in Werbung und Marketing, um ein weiteres steuerfreies Jahr darzustellen.

An vielen Standorten gewährten die lokalen Regierungen weitere Steuervorteile. So z. B. Steuererleichterungen, wenn ausländische Unternehmen eine gewisse Exportquote überstiegen.

Value Added Tax (VAT)

Die „Value Added Tax" (VAT) entspricht der Mehrwertsteuer und beträgt grundsätzlich 17%. Sie ist ermäßigt bei bevorzugten Gütern wie z. B. Getreide, Haushaltsenergie, Bücher, Lernmitteln. Sie ist jedoch in China produktionsorientiert und nicht konsumorientiert. Die Vorsteuer kann nur in Abzug gebracht werden, wenn die Zukäufe direkt mit der Produktion eines Artikels in Zusammenhang stehen. So kann z. B. die VAT für einen Computer für die tägliche Arbeit nicht als Vorsteuer geltend gemacht werden.

Von der VAT freigestellt sind Freiberufler und kleinere Dienstleister wie Berater, Rechtsanwälte, frei praktizierende Ärzte etc. Als Endverbrauchern steht ihnen jedoch kein Abzug der VAT für den Erwerb von Autos, Büroeinrichtungen etc. zu. Dienstleister zahlen generell 5% Gewerbesteuer vom Umsatz sowie die Ertragssteuer.

Einkommenssteuer

Chinesen und Ausländer, die in China leben, müssen offiziell ihr Welteinkommen in China versteuern. Die Versteuerung erfolgt nach Tranchen. Nach Abzug eines Freibetrags, der regional unterschiedlich ist (z. B. in Shanghai 1600

RMB = circa 160 Euro pro Monat für Chinesen und 4800 RMB pro Monat für Ausländer), beginnt die Besteuerung mit 5% für die ersten 500 RMB. Die nächsten 1500 RMB werden mit 10% besteuert, die nächsten 3000 RMB mit 15% etc. Der maximale Steuersatz beträgt derzeit 45%, er wird jedoch nur auf den Betrag berechnet, der 100 000 RMB (abzüglich Freibetrag) pro Monat übersteigt, so dass auch bei relativ hohen monatlichen Einkommen der durchschnittliche Steuersatz unter 45% liegt.

Sozialversicherung

Chinesische Arbeitnehmer unterliegen auch der Sozialversicherungspflicht. Arbeitgeber und Arbeitnehmer tragen ihren Anteil zur Sozialversicherung zu unterschiedlichen Teilen. Bei den Beiträgen gibt es regionale Unterschiede. Derzeit beträgt in Shanghai der Arbeitgeberanteil 44% des durchschnittlichen Monatsgehalts, das auf der Basis des gesamten Jahresgehalts des Vorjahres berechnet wird: Housing Fund: 7%, Rentenversicherung: 22%, Arbeitslosenversicherung: 2%, Krankenversicherung: 12%. Der Arbeitnehmeranteil setzt sich wie folgt zusammen: Housing Fund: 7%, Rentenversicherung: 8%, Arbeitslosenversicherung: 1%, Krankenversicherung: 2% und beträgt insgesamt 18% des Jahreseinkommens.

Die Beitragsbemessungsgrenze, d.h. die maximale Basis für die Berechnung der Sozialversicherungsbeiträge, variiert je nach Provinz. Sie betrug im Jahr 2004 in Shanghai z.B. 5541 RMB (derzeit circa 550 Euro) pro Monat.

RMB-Konten/Devisen

Ausländisch-investierte Unternehmen führen ein nationales Währungskonto in Renmimbi (RMB) und ein Devisenkonto. Die Konvertierung von RMB in eine Fremdwährung basiert auf dem Tageskurs, der täglich von der People's

Bank of China veröffentlich wird. Noch ist der RMB mit einem festen Wechselkurs an den US-$ gekoppelt.

Alle durch Export aus China generierten Einnahmen fließen auf eines der Devisenkonten. Alle aus nationalen Geschäften stammenden Umsätze fließen auf das RMB-Konto. Rechnungen von chinesischen Partnern, Zulieferern und anderen Gläubigern in China werden von dem RMB-Konto bedient. Rechnungen von ausländischen Geschäftspartnern sind der State Administration for Foreign Exchange vorzulegen. Die SAFE gibt die Zahlung nach Vorlage der entsprechenden Dokumente (z.B. Rechnung, Packliste, Konnossemente etc.) in Fremdwährung frei.

Konvertierbarkeit

Zuständig für Anträge auf Konvertierung ist immer die Niederlassung der SAFE. Freier Kapitaltransfer von Devisen auf Auslandskonten ist (noch) nicht möglich. Es gibt Ausnahmen z.B. für Chinesen, deren Kinder im Ausland studieren. Hier werden angemessene Transferkontingente zum Unterhalt genehmigt. Auch bei endgültiger Emigration von Chinesen verweigert man ihnen nicht den Transfer ihrer Guthaben.

Auch reisende Chinesen, die über eine international gültige Kreditkarte verfügen, können ihr heimisches RMB-Konto mit Ausgaben in Fremdwährung im Ausland belasten. Die Verrechnung erfolgt in Hartwährung. Chinesische Geschäftsgründungen im Ausland erfordern zur Freigabe von Devisen einen Antrag mit allen Dokumenten an das SAFE.

Schließlich können natürlich ausländische Investoren durch Beschluss des Board of Directors und nach Vorlage einer geprüften Bilanz bzw. Gewinn- und Verlustrechnung bei der lokalen Niederlassung der SAFE den in China erwirtschafteten Gewinn in Fremdwährung konvertieren und transferieren. Der Transfer von Geldern ins Ausland ist auch möglich bei Aufgabe der Geschäftstätigkeit.

5. Fallbeispiele

Produktion von hochwertigen Schneidwaren in China

Nach einer Marktuntersuchung identifiziert ein Beratungsunternehmen für einen Hersteller hochwertiger Schneidwaren mehrere potenzielle Partner in China für eine gemeinsame Produktion. Die Endauswahl erfolgt gemeinsam mit dem Klienten vor Ort in China. Mit diesem wird nach intensiven Vertragsverhandlungen ein Joint Venture gegründet. Das Unternehmen wird von einem deutschen General Manager geführt, die Produktion von einem deutschen Fachmann aufgebaut, die Finanzen von einem deutschen Mitarbeiter kontrolliert. Chinesisches Schlüsselpersonal wird intensiv geschult. Bereits nach kurzer Zeit stellt das Joint Venture qualitativ hochwertige Schneidwaren her. Ein Teil der Produktion wird exportiert. Gleichzeitig wird der lokale Markt mit gezieltem Marketing schrittweise aufgebaut. Heute genießt die Marke des Unternehmens bei den Käufern mit gehobenen Einkommen in China bereits einen hohen Bekanntheitsgrad. Gegenüber anderen ausländischen Anbietern hat das Unternehmen durch die Fertigung in China einen Kostenvorteil. Weitere Absatzmärkte werden schrittweise erschlossen, während die internationale Wettbewerbsposition durch die günstige Fertigung in China steigt.

Direktvertrieb von Reinigungssystemen in China

„Erst den Staubsauger zu verkaufen und dann den Teppich" erinnert an den cleveren Verkäufer, der einem Bauern eine Melkmaschine verkauft und dafür die einzige Kuh in Zahlung nimmt. So geht es nicht. Doch, so geht es auch. Was nie jemand zuvor in China gemacht hat, hat einer der bekanntesten Hersteller von Reinigungssystemen weltweit in Begleitung eines Beratungsunternehmens realisiert: Direktvertrieb in China, in Deutschland gern als Klinkenputzen abgewertet.

Ausgerechnet in der heißesten Jahreszeit kämpften sich chinesische Außendienstmitarbeiter von Haushalt zu Haushalt. Wochenlange Schulungen waren vorausgegangen. Shanghai war als Testmarkt für „Staubsauger" keinesfalls ideal. Aber am Ort der Büro- und Lagerniederlassung des Beratungsunternehmens sollten Kosten für den Klienten gespart werden. Im klimatisch kälteren Norden mit Schwerpunkt Beijing hätte das Unternehmen mehr Haushalte mit Teppichböden oder Teppichen angetroffen.

Diese Direktvertriebsaktion war 1994 wohl die erste ihrer Art in China. Die erste auch, die mit einem Premium-Produkt im Hochpreissegment so erfolgreich war. Die Produkte wurden zunächst komplett und mit hohen Zollsätzen nach China importiert und gegen Landeswährung an chinesische Konsumenten vertrieben. Nach einer erfolgreichen zweijährigen Testphase entscheidet sich das Unternehmen für den Aufbau einer Produktion in China. Schlüsselkomponenten wurden weiterhin aus dem Ausland importiert. Kunststoffteile, Kabel etc. werden zunehmend lokal eingekauft. Mit steigendem lokalem Fertigungsanteil sinken die Produktionskosten. Gleichzeitig sinkt der Zollsatz für die restlichen importierten Produkte. Bereits nach kurzer Zeit wird die Produktionsstätte in China auch genutzt, um Komponenten für die Fertigung im Ausland herzustellen bzw. einzukaufen. Somit hat das Unternehmen einen zusätzlichen Absatzmarkt erschlossen und gleichzeitig seine Kostenposition durch den Zukauf von Komponenten für die Fertigung im Ausland verbessert.

Heute sind diese Reinigungsgeräte nicht nur in vielen chinesischen Haushalten zu finden, sondern sie gehören auch zur Reinigungsausstattung von Büros und Behörden. Im Lauf der Jahre wurde auch die Marke des Unternehmens bei der Zielgruppe etabliert. Die Zielgruppe assoziiert mit der Marke Qualität, Zuverlässigkeit und Langlebigkeit. Der gute

Klang des Namens öffnet nun seit einiger Zeit weiteren Produkten des Herstellers die Türen in den chinesischen Markt.

Hierbei wurde der Markteintritt mit einer Marktuntersuchung vorbereitet. Im Vergleich zu den Reinigungsgeräten wird der Aufbau einer Vertriebsstruktur für Bodenbeläge schwieriger werden. Dem neuen Produkt kommt der Bekanntheitsgrad der Marke zugute. Eine Produktion von Bodenbelägen in China kommt zu diesem Zeitpunkt nicht in Frage, da sich eine Investition für das derzeitige Marktpotenzial, das überwiegend im Objektgeschäft besteht, nicht lohnen würde. Ein Zentralimporteur, der im Rahmen der Marktuntersuchung identifiziert wurde, wird ausgewählt. Er ist der zentrale Ansprechpartner des Klienten in China, importiert exklusiv die Produkte nach China und vertreibt sie über ein Netz von Distributoren. Der Klient schult die Mitarbeiter des Importeurs sowie Schlüsselpersonal selektierter Distributoren vor Ort in China. Schlüsselpersonal des Importeurs wird außerdem im Unternehmen in Deutschland geschult.

Die Mitarbeiter des Importeurs sowie die Distributoren besuchen Architekten, Innenausstatter, Behörden, Unternehmen, Bauherren und versuchen in jedem neuen Büroturm bereits im Rohbau die richtigen Kontakte zu knüpfen. Bei Objektausstattungen ist der Druck des Wettbewerbs enorm. Preiskämpfe und manche Aktion der Konkurrenz unterhalb des Verhandlungstisches machen die Aufgabe nicht leichter. Ausschlaggebend für den Erfolg dieses Projektes ist vor allem die hohe Qualität des Produktes, die Beratung und der Service durch den Generalimporteur und die Distributoren.

Vertrieb hochwertiger Werkzeuge in China

Die Automobilindustrie in China boomt. Somit besteht auch große Nachfrage nach Handwerkzeugen für die Produktion und die Reparatur von Autos. Ein mittelständischer

Hersteller von Qualitätswerkzeugen stellt erste Kontakte zu Volkswagen in China über die bestehende Kundenbeziehung in Deutschland her. Es zeigt sich jedoch schnell, dass das Geschäft nur durch eine Präsenz in China weiter ausgebaut werden kann.

Um Kosten und Risiko zu minimieren und Know-how und Kontakte eines lokalen Partners zu nutzen, wählt das Unternehmen einen Generalimporteur in Shanghai aus, anstatt ein eigenes Unternehmen zu gründen. In dessen Infrastruktur und unter dessen Firmenmantel wird ein kleines Projektteam gebildet, das zunächst nur aus einem Mitarbeiter besteht. Dieser wird vom Werkzeughersteller und Generalimporteur geschult. Er bearbeitet den chinesischen Markt von Shanghai aus, spricht die Sprache der lokalen Einkäufer und hilft damit, die Exportumsätze des Herstellers erheblich zu steigern. Durch die lokale Präsenz, die auch ein Lager umfasst, kann der Werkzeughersteller seinen Kunden in China die Werkzeuge gegen Landeswährung anbieten, was die Marktchancen weiter verbessert. Das Vertriebsteam wird um Mitarbeiter an den wichtigsten Standorten erweitert. In knapp zehn Jahren wächst der Umsatz um mehr als das 60fache.

Am Ende des roten Fadens

befinden sich immer noch eine Reihe von Knoten, die nicht ohne weiteres durch jedes chinesische Nadelöhr passen. Sie sind sehr viel komplizierter verschlungen als der berühmte Gordische Knoten, den Alexander mit einem Schwerthieb zerschlug. Chinesische Knoten stehen in seltsamen Beziehungen zueinander. Man muss als Europäer lange in China leben, um ein Verständnis für den Verlauf der innersten Fasern zu entwickeln. Sie geschmeidig zu machen wie chinesische Seide, das ist die Kunst.

Schlusswort

Investoren hassen Überraschungen

Cao Siynan wird häufig als Chinas unterhaltsamster politischer Kopf bezeichnet. Erst wenn man den Namen der Partei ändert, so sein Vorschlag, schaffe man die Voraussetzung zur Privatisierung allen Staatseigentums in China. „Bis das jedoch passiert, werden die Parteimitglieder weiterhin der Welt zeigen, dass sie wenigstens vom Standpunkt ihrer Doktrin aus Herrscher sind, oder besser, Kader ohne Kleider", sagt Gordon G. Chang.

Die kommunistische Partei Chinas (KPC) muss sich um den Proporz nicht schlagen wie unsere Roten und Schwarzen, Grünen und Gelben um Rundfunk-, Aufsichtsrats- und Schlafwagenmandate bei gefälligen Energieversorgern. Die Abgeordneten, die sich ohne Gegenleistung von VW die Taschen füllen ließen, um nur das jüngste Beispiel der offenen Hände zu nennen, würden sich in China schnell einleben. Denn auch die Macht der KPC gründet auf den Futtertrögen der Staatsbanken, Staatsunternehmen und staatlichen Institutionen, die – only for members – 70 Millionen Parteimitglieder in ihren hierarchischen Strukturen so verteilt haben, dass jedes etwa 18 Chinesen im Auge behalten kann.

Korruption ist der Leim, der das System zusammenhält. Korruption ist auch das Gift, das China zerfrisst. Und da fragt Dai Qing in vollem Ernst: „Wie kann man die Korruption bekämpfen, ohne die Partei zu zerstören?" Man kann es nicht. *Southern People Weekly* veröffentlichte 2004 eine Liste der „50 öffentlichen Intellektuellen" und provozierte damit die Partei, die gerade noch geheime Anweisungen an alle staatlich kontrollierten Medien gegeben hatte, diese als „public intellectuals" definierte und ein bisschen auch diffamierte Gruppe auf keinen Fall zu unterstützen. Berichte über Aktivitäten der so genannten öffentlichen Intellektuellen würden einen Keil zwischen Partei und Intelligenz treiben. Zu billig wäre aber auch die nahe liegende Anmerkung, dass Partei und Intelligenz ohnehin nicht dasselbe sind.

Der größere Teil der gebildeten Chinesen hat die Gelegenheit, die Deng Xiaoping ihnen bot, wahrgenommen und sich auf den Pfad des Reichwerdens begeben. Sie verzichten auf ideologische Auseinandersetzungen und bilden die neue bürgerliche Schicht in China. Mit dem Erwerb von Besitz wächst auch die Sorge um seinen Verlust. Solange die Partei wirtschaftliche Stabilität und Wachstum gewährleistet, gibt es für die neuen Bürger Chinas keinen Grund, für so etwas wie Demokratie auf die Straße zu gehen. Sie genießen schon jetzt fast alle Freiheiten, selbst die des Reisens. So bildet sich eine eigentümliche historische Parallele zu den Verhältnissen in Frankreich vor der Revolution. Die KPC als ideologischer Adel und Geistlichkeit in einer dominanten Personalunion sichert ihre Macht durch ein erstarkendes Bürgertum, das seinen wachsenden Besitz nicht gefährden will.

„Diesem Bürgertum ging es nicht um soziale Reformen, sondern um die Beteiligung an der Macht“, schreibt der Historiker Roland Vocke zur Vorgeschichte der Französischen Revolution und gibt einen Eindruck davon, wie lange die oben beschriebene Gemengelage in China unter dem Siedepunkt zu halten ist. Noch gleichen die Intellektuellen in China den Girondisten, jenen gemäßigten Republikanern, die Recht und Stimme für die Massen forderten. Den blutigen Teil der Geschichte aber haben die Jakobiner geschrieben.

Als sie schon auf dem Schafott stand, den Stahl der Guillotine über sich, verlangte Madame Rolland Schreibzeug, um ihre letzten Gedanken aufzuschreiben. „Schade, dass man's ihr versagte“, schreibt dazu Gottfried Benn, „denn am Ende gehen dem gefassten Geist Gedanken auf, bisher undenkbare, die sich wie selige Dämonen auf den Gipfeln der Vergangenheit niederlassen." Diese Vergangenheit steht China noch bevor. Ausländische Unternehmer und Investoren in China „können eine Menge schlechter Nachrichten ertragen. Aber sie hassen Überraschungen" (Jack Hayes). Es ist das Schicksal aller Unternehmer, nirgendwo auf der Welt vor Überraschungen sicher zu sein.

Anhang

Weiche Daten – Harte Fakten

China schnell & aktuell

Als die Ehefrau die Tür öffnet, findet sie ihren Gatten tot in der Diele. Erschreckt ruft sie aus: „Du tot im Flur, Karl? So kenn' ich dich ja gar nicht!" Der Wahrnehmung von Berichterstattung folgt in China nicht zwingend auch Akzeptanz. Die fließenden Grenzen zwischen Schein und Sein, die Kontinuität der Veränderungen politischer und sozialer Hintergründe veranlasst Chinesen und Ausländer als Tatsachen veröffentlichte Tagesmeldungen stets unter dem Vorbehalt einer Überraschung zu betrachten. Mal sind die Daten hart und die Fakten weich. Mal umgekehrt. Stets sind sie das Produkt mehrerer Filtrierungsprozesse durch die Kontrollinstanzen, besser: die Zensur. Gleichwohl kommt auch unser Versuch, Arbeit und Leben in China dem Leser näher zu bringen, nicht umhin, auch ein paar wesentliche Grundlagen zu vermitteln. Stefan Theilmann, Assistent der Geschäftsleitung bei China Marketing Consulting (CMC) in Shanghai, hat die Mühe auf sich genommen, einige wesentliche Daten aus der Quellensammlung des Unternehmens aufzubereiten.

Die VR China ist mit einer Fläche von rund 9,6 Millionen Quadratkilometern und einer Einwohnerzahl von circa 1,3 Milliarden Menschen das drittgrößte und bevölkerungsreichste Land der Erde. Im dicht besiedelten Ostteil findet eine intensive Bodennutzung statt. Riesige Industriezentren sind entstanden. Dazu gehören im Norden Changchun und Harbin, im Nordosten Chinas Peking, Tianjin, Shenyang, Dalian und Quingdao, in der Mitte des Landes Shanghai, Nanjing, Ningbo und Hangzhou im industrialisierten Yangtse-Delta, sowie im Süden die Städte Xiamen, Shantou,

Shenzhen, Guangzhou und Zhuhai. Die Sonderverwaltungszonen Hongkong und Macao verdienen besondere Erwähnung.

Hongkong

Mit einer Gesamtfläche von 1092 km² gehört Hongkong von jeher zum chinesischen Territorium, wurde allerdings im Jahr 1840 von Großbritannien besetzt und am 1. Juli 1997 an China zurückgegeben. Dabei wurde Hongkong zur Sonderverwaltungsregion der VR China erklärt. Die gesetzlichen Regelungen, die diesen Status regeln, besagen im Kern Folgendes:

Grundsätzlich sind bei weitgehender Verwaltungsautonomie die politische Struktur, das Wirtschaftssystem, das Kultur- und Bildungssystem vorgeschrieben. Es gilt der Grundsatz „Ein Land, zwei Systeme“. Dies bedeutet, dass, während auf dem chinesischen Festland die Herrschaft der kommunistischen Partei Chinas und das Politbüro eine sozialistische Politik dominieren, Hongkong das bestehende kapitalistische System und die jetzige Lebensweise für 50 Jahre beibehält. Die Verwaltung erfolgt selbstständig durch die Menschen in Hongkong. Die Zentralregierung in Peking entsendet keine Beamten in die Regierung der Sonderverwaltungszone. Die Sonderverwaltungsregion Hongkong besitzt „weitgehende Autonomie“, durch die sie völlig selbstständig die Angelegenheiten ihres eigenen Gebietes in Bezug auf die exekutive, legislative und die unabhängige judikative Gewalt regeln kann. Für die bevorstehenden 50 Jahre hoffen die Hongkonger auf weitgehende Angleichung der Lebensverhältnisse in ihrem und dem Festlandsgebiet. Die ideologische Kluft dürfte verflachen.

Ausnahmen bestehen im Bereich der auswärtigen Angelegenheiten und der Verteidigung, für die die Zentralregierung verantwortlich ist. Es wird ein System demokratischer Politik praktiziert. Zu den wichtigsten Organen der Sonderverwaltungsregion gehören der Verwaltungschef, die Regierung, der Gesetzgebungsrat und das Oberste Appellationsgericht. Der Verwaltungschef ist Leiter der Sonderverwaltungsregion und zugleich Regierungschef. Er wird durch lokale Wahlen bestimmt und von der Zentralregierung ernannt. Im Normalfall beträgt seine Amtszeit fünf Jahre und kann einmalig verlängert werden.

Es herrscht ein freies Wirtschaftssystem. Als unabhängiges Zollgebiet ist Hongkong unter dem Namen „Hongkong, China“ der WTO beigetreten und kann Mitglied anderer internationaler Organisationen und Handelsabkommen werden. Die Politik bezüglich Kultur, Bildungswesen, Wissenschaft und Technik, Gesundheitswesen, Sport und weiterer Bereiche wird selbstständig festgelegt und ausgeübt. Als Sonderverwaltungsregion blieb Hongkong von den Finanzkrisen in Asien und von der globalen Stagnation der Wirtschaft nicht verschont. Die Regierung der Sonderverwaltungszone hat jedoch die meisten wirtschaftlichen, gesellschaftlichen oder politischen Probleme unter Kontrolle, wodurch sich Hongkong als internationales Zentrum in den Bereichen Finanzen, Handel, Schifffahrt, Gütertransport und Tourismus der Welt mit optimistischen Perspektiven präsentieren kann.

Macao

Macao ist nur 24 km^2 groß und gehört historisch zum chinesischen Territorium. Nach dem Opiumkrieg 1840 von Portugal besetzt, wurde Macao am 20. Dezember 1999 an die VR China zurückgegeben. Auch hier gelten die Grundsätze „Ein Land, zwei Systeme“, „Macaoer regieren Macao“ und „Weitgehende Autonomie“. Die politische Struktur, das Wirtschaftssystem sowie das Kultur- und Bildungssystem sind denen in Hongkong ähnlich.

China

Die reichen und vielfältigen Bodenschätze Chinas sind erst teilweise erschlossen. Die Bevölkerung besteht zu 91,6 % aus Han-Chinesen. Hauptstadt Chinas ist Beijing mit 15 Millionen Einwohnern (Großraum). Regiert wird das Land von der Kommunistischen Partei Chinas mit rund 70 Millionen Mitgliedern. Offiziell bezeichnet sich die VR China als „Sozialistische Marktwirtschaft“, wobei es sich in der Tat um eine Mischform aus Plan- und Marktwirtschaft handelt, in der jedoch der privatwirtschaftliche Sektor zunehmend eine treibende Rolle übernimmt. Die Volksrepublik China ist u. a. Mitglied der APEC (Asia Pacific Economic Cooperation), der UNO, der Weltbank, des IWF sowie seit 2001 der WTO.

Die wirtschaftliche Entwicklung

Das Wirtschaftssystem

Nach der Gründung der VR China im Jahr 1949 und einem planmäßigen Wirtschaftsaufbau in großem Stil ist die Volksrepublik heute ein wirtschaftlich starkes Land mit größtem Entwicklungspotenzial.

Von 1953 bis 2005 hat China zehn Fünfjahrespläne erfüllt und führt gerade den elften Fünfjahresplan durch. Ein zentraler Punkt dieser Pläne ist die Reform des chinesischen Wirtschaftssystems.

Nach dem aktuellen 11. Fünfjahresplan (2006 bis 2010), lauten einige teils recht schwammig formulierte Ziele für die gesellschaftliche und wirtschaftliche Entwicklung im Kern wie folgt:

11. Fünfjahresplan

- Die zwei wichtigsten Prinzipien sind das wissenschaftliche Entwicklungskonzept und der Aufbau einer harmonischen Gesellschaft.
- Das Hauptziel bei der Stärkung der Industrie liegt nicht in der Expansion, sondern in der Optimierung der Struktur.
- Das wirtschaftliche Wachstum soll voraussichtlich im Durchschnitt ca. 7,5 % p. a. betragen.
- In Bezug auf die Struktur des tertiären Sektors erwähnt der Plan besonders die öffentlichen Dienstleistungen. Denn der relativ schlecht entwickelte tertiäre Sektor in China behindert auch die Optimierung der Wirtschaftsstruktur, den Ausbau der Beschäftigung und die Steigerung der Wettbewerbsfähigkeit.

- Der schonende Umgang mit Ressourcen und Umweltschutz sind als Grundprinzipien des Staates im 11. Fünfjahresplan festgeschrieben. Der Plan beschreibt auch Maßnahmen zum Aufbau einer Ressourcensparenden und umweltfreundlichen Gesellschaft.
- Es soll ein innovativer Staat aufgebaut werden, der durch hoch qualifizierte Fachleute unterstützt wird.
- Die begonnenen Reformen sollen vertieft und die Öffnung des Landes weiter vorangetrieben werden.
- Die ländlichen Regionen sollen weiter entwickelt, der Staat soll durch Wissenschaft und Bildung gestärkt und eine harmonische Gesellschaft aufgebaut werden.

Das zu Beginn betriebene Planwirtschaftssystem, in dem die Ziele aller wirtschaftlichen Bereiche durch das Staatsorgan der „Planungskommission“ festgelegt wurden, erlaubte es Chinas Wirtschaft, sich planmäßig und zielsicher zu entwickeln, behinderte allerdings auch das Potenzial der wirtschaftlichen Vitalität, die ein noch höheres Entwicklungstempo vorgelegt hätte.

Ende der siebziger Jahre erkannte die chinesische Regierung die eklatanten Unterschiede in Wirtschaft und Entwicklungstempo zum Rest der Welt. Es wurde die richtungsweisende Entscheidung getroffen, das Wirtschaftssystem zu reformieren. Allerdings wurde erst 1992 das Reformziel als „sozialistisches Marktwirtschaftssystem“ klar definiert.

Im Jahr 1997 erklärte China, dass die nichtstaatlichen Wirtschaftssektoren ein wichtiger Bestandteil der sozialistischen Wirtschaft seien.

Bis heute wurden die verschiedenen Reformmaßnahmen mit großen Schritten und teilweise großem Erfolg vorangetrieben.

Planmäßig soll bis zum Jahr 2010 ein „vollständiges soziales Marktwirtschaftssystem“ errichtet werden und ab 2020 ein „reifes soziales Marktwirtschaftssystem“ existieren. Der Unterschied zwischen vollständig und reif wird nicht erläutert.

Das BIP

Nachdem sich die internationale Empörung über die Ereignisse auf dem Tiananmen-Platz von 1989 gelegt hatte und die vorübergehende wirtschaftliche und politische Isolation überwunden war, erzielte China 1992 einen großen Durchbruch. Das Sozialprodukt wuchs um 12,8 %, die Industrieproduktion sogar um 21 %. Die erste Hälfte des Jahres 1993 verlief noch erfolgreicher, der Produktionswert stieg um 13,3 %, die Industrieproduktion sogar um 27 %. Die internationale Industrie öffnete vorsichtig wieder alle Türen, die sie vorher so lautstark zugeschlagen hatte.

Nach diesen Rekordergebnissen sind die Wachstumsraten in den darauf folgenden Jahren leicht zurückgegangen, betrugen im Jahr 2003 – ungeachtet der weltweiten Konjunkturschwäche und des schwierigen Umfelds (Irakkrieg, SARS, Umweltkatastrophen, Terrorismus) – immer noch beachtliche 9,1 % und erreichten so mehr als 11,6 Milliarden Yuan, was nach dem gegenwärtigen Wechselkurs rund 1,4 Milliarden US-$ entspricht. 2005 bis 2006 wuchs Chinas Wirtschaft um 10,2 % bzw. 10,7 %. Im Jahr 2007 betrug das Wachstum gut 11 %. Das Pro-Kopf-BIP beträgt heute über 2000 US-$.

Die Wachstumsraten für 2006 lassen sich nach Sektoren unterscheiden: Der Primärsektor erreichte ein Plus von 4,5 % und war absolut mit rund 12 % an der Entstehung der Wirtschaftsleistung beteiligt, der Sekundärsektor erreichte ein Plus von 12,5 % (etwa 49 %) und der Tertiärsektor erreichte ein Plus von 10,3 % (gut 39 %).

Treibende Kraft des anhaltenden Wachstums ist dabei vor allem die Industrie. Von 9,1 % des Wirtschaftswachstums entfällt weit über die Hälfte auf die sekundäre Wirtschaft.

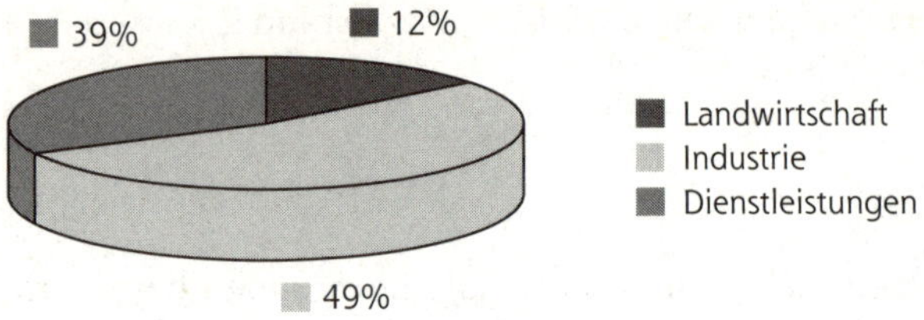

Bild 3 Bruttoinlandsprodukt von China (2006), aufgeteilt nach Sektoren

Der Anteil der Privatwirtschaft in der Produktion liegt mittlerweile – je nachdem, welche Statistik man bemüht – irgendwo über 50%. Zu beachten ist hier, dass solche Unternehmen nicht dazugehören, die ehemals offensichtlich staatliche Unternehmen waren und sich lediglich der fortschreitenden Wirtschaftsentwicklung angepasst haben, d.h. heute zumindest ihrer rechtlichen Struktur nach privatwirtschaftlich (z.B. als GmbH oder AG) organisiert sind, obwohl sie sich (zumindest mehrheitlich) in Staatsbesitz befinden. Einig ist man sich allerdings, dass der rein private Bereich der eindeutige Wachstumsträger Chinas ist. Ansonsten hält man es mit Deng Xiaoping: „Es ist egal, ob die Katze schwarz oder weiß ist! Hauptsache, sie fängt Mäuse!"

Obwohl die Subventionen für Staatsbetriebe in den letzten Jahren abgenommen haben, gewährt die Volksrepublik ihren eigenen Unternehmen nach wie vor beträchtliche Hilfen aller Art. Die Erfolge sind allerdings zweifelhaft, da die meisten Betriebe keinen Gewinn erwirtschaften, sogar rote Zahlen schreiben. Als Folge schrumpft der Anteil der Staatsbetriebe an der gesamten Produktion. Der Anteil der reinen Staatsunternehmen an der industriellen Wertschöpfung lag 2006 bei circa 35%.

Das Einkommen der Bevölkerung

Belief sich das durchschnittliche Pro-Kopf-Nettoeinkommen der ländlichen Bevölkerung 1978 auf 134 Yuan/Jahr, so ist es heute auf knapp 4000 Yuan/Jahr gestiegen. In den Großstädten stieg das durchschnittlich verfügbare Pro-Kopf-Einkommen im gleichen Zeitraum von 343 Yuan auf über 12000 Yuan/Jahr an.

Die Disparität zwischen Stadt und Land wie auch zwischen unterschiedlichen Regionen Chinas ist durchaus problematisch. Die erheblichen Unterschiede in den regionalen Entwicklungen bergen ein revolutionäres Potenzial, das die Partei permanent im Auge behält und an dessen Abbau sie arbeitet. So trat die VR China bei Verhandlungen um den Beitritt zur WTO mit Verweis auf die ländlichen Regionen für eine unter Handelsgesichtspunkten günstige Einstufung als Entwicklungsland auf, während andere Indikationen diese Darstellung ad absurdum führten.

Der Anteil der Ausgaben zur Deckung der grundlegenden Bedürfnisse (Lebensmittel, Kleidung und Gebrauchsartikel des täglichen Lebens) ist mittlerweile stark zurückgegangen, während der Anteil der Ausgaben für Wohnung, Verkehr, Telekommunikation, medizinische Pflege, kulturelle Aktivitäten, Erziehung, Vergnügungen schnell gestiegen ist. Seit 1978 ist der Anteil der Ausgaben für die Ernährung an den gesamten Ausgaben (so genannten „Engel-Koeffizient“) bei der städtischen Bevölkerung von 57,5 % auf circa 35 % gesunken, bei der ländlichen Bevölkerung von 67,7 % auf 45 %.

Staatsprojekte

Ein Großteil der Staatsausgaben fließt in Projekte zum Aus- und Aufbau der Infrastruktur. Beispielhaft werden hier folgende genannt:

Drei-Schluchten-Staudamm: Am 22. November 1997 wurde mit dem Projekt begonnen, das bis zum Jahr 2009 den Yangtse oberhalb der Stadt Yichang auf einer Länge von über 600 km aufstaut. Im Hauptsee werden fast 40

Milliarden Kubikmeter Wasser enthalten sein und durch das angeschlossene Kraftwerk mit 26 Generatoren circa 18 200 Megawatt Strom liefern. Die Staumauer von 185 m Höhe und 2 km Länge soll allen – in dieser Gegend häufigen – Erdbeben widerstehen. 13 500 Dörfer mussten aufgegeben, 1,8 Millionen Menschen umgesiedelt werden. Am 1. Juni 2003 wurde mit dem Aufstauen des Wassers begonnen. Die Gesamtkosten für das Projekt werden offiziell mit circa 30 Milliarden US-$ angegeben. Internationale Ingenieure mit Erfahrung im Stau- und Kraftwerksbau gehen von Kosten aus, die fast doppelt so hoch liegen. Ziele dieses Mammutprojekts sind: Gewinnung von Elektrizität, bessere Schiffbarkeit des Yangtse, Hochwasserkontrolle und Minderung der bei der Energiegewinnung durch Kohle frei werdenden CO_2-Erzeugung.

Drei strategische Projekte verbessern die Verteilung der Ressourcen und tragen die für China typischen heroischen Bezeichnungen: „Strom von Westen nach Osten“, „Erdgas von Westen nach Osten“ und „Wasser von Süden nach Norden“.

Das Projekt „Strom von Westen nach Osten“, in dem der aus Wasserkraft und Kohlenressourcen in den westlichen Gebieten erzeugte Strom durch den Aufbau einer Überlandleitung in die Städte im Osten geleitet wird, läuft zur Zeit. Das Volumen der Maßnahme beträgt 116 Milliarden Yuan.

Beim Projekt „Erdgas von Westen nach Osten“ geht es um die Leitung von Erdgas nach Nordchina und in die Städte im Osten. Kern dieses Projekts ist die Verlegung einer vom Westen ausgehenden 4200 Kilometer langen Pipeline durch neun Provinzen, Städte und autonome Gebiete. Mit einer Gesamtinvestition von 300 Milliarden Yuan wurde ein Großteil dieses Projekts bis heute bereits realisiert.

Das Projekt „Wasser von Süden nach Norden“ wurde offiziell am 27. Dezember 2002 in Angriff genommen. Planmäßig soll die erste Bauphase, für die insgesamt 156 Milliarden Yuan vorgesehen sind, im Jahr 2010 fertig sein. Damit wird vor allem das Problem des gravierenden Mangels an Wasser im Norden gelöst, und gleichzeitig werden die Wasserressourcen in den Einzugsgebieten des Yangtse, des Gelben Flusses, des Huai- und des Hai-Flusses wirtschaftlich sinnvoll eingesetzt.

Die Inflation

Für das Jahr 2007 sah der aktuelle Fünfjahresplan Chinas ein Wachstumsziel von 7% vor. Die tatsächlich erzielte Wachstumsrate übertraf die Plan- und Schätzwerte deutlich. Ähnliches wird für die kommenden Jahre erwartet. Die chinesische Zentralbank strebt allerdings mit Blick auf inflationäre Tendenzen (2007 wird mit knapp 3% gerechnet) eine tatsächliche Begrenzung des Wachstums auf die Planwerte an.

Bemerkenswert ist, dass trotz des anhaltenden Wachstums in der Volksrepublik in den zurückliegenden Jahren kaum eine Inflation festgestellt werden konnte.

Die Entwicklung der außenwirtschaftlichen Beziehungen

Die in Wirtschaftspublikationen häufig aufgestellte Behauptung, China sei die sechstgrößte Volkswirtschaft der Welt, entspricht nicht den Tatsachen. Ein Beispiel für ein „weiches Faktum". Dabei wird übersehen, dass der soziale Bereich deutlich unterentwickelt ist und China diesen ihm zugedachten Rang im Vergleich mit entwickelten Ländern nicht beanspruchen kann.

Immer wieder wird – vor allem aus den USA – der Ruf nach einer Aufwertung der chinesischen Währung Yuan Renmimbi laut. Da China inzwischen rund 1300 Milliarden US-$ Währungsreserven vorhält und diese im Handelsstreit mit den USA wohl einzusetzen weiß, sollte das Exportwachstum Chinas in nächster Zeit kaum unter derartigen Forderungen aus Washington leiden.

Ungeachtet des ungünstigen weltwirtschaftlichen Umfeldes entwickelte sich der chinesische Außenhandel nämlich (wieder einmal) spektakulär. Ex- und Importe legten im Jahr 2007 um über 20% bzw. knapp 20% zu. Das Außenhandelsvolumen betrug 2007 circa 2000 Milliarden US-$.

Eine andere Zahl mag die wachsende internationale Verflechtung Chinas noch besser illustrieren. Machte der Außenhandel 1990 knapp 30% des BIP aus, so sind es heute ca. 70%.

Besonders eindrucksvoll stellt sich die rasche Diversifizierung des chinesischen Warenangebotes dar. Noch zu Beginn der frühen neunziger Jahre lieferte China hauptsächlich Nahrungsmittel und Rohstoffe. Heute sind die wichtigsten Exportgüter Maschinen, elektronische Produkte und Textilien.

Tabelle 11 Exporte und Importe von China

Außenhandel						
Jahr	Chin. Exporte Mrd. US-$	Chin. Importe Mrd. US-$	Saldo Mrd. US-$	Volumen Mrd. US-$	Exporte	Importe
					Veränderung in %	
1996	151,1	139,0	12,2	290,1	1,5	5,1
1997	182,7	142,4	40,3	325,1	20,9	2,5
1998	183,8	140,2	43,6	324,0	0,5	–1,5
1999	194,9	165,8	29,1	360,7	6,1	18,2
2000	249,2	225,1	24,1	474,3	27,8	35,8
2001	266,2	243,6	22,6	509,8	6,8	8,2
2002	325,6	295,2	30,4	620,8	22,3	21,2
2003	438,3	412,8	25,5	851,1	34,6	39,9
2004	593,3	561,2	32,1	1154,5	35,4	36,0
2005	762,0	660,0	102,0	1422,0	28,4	17,6
2006	969,1	791,6	177,5	1760,7	27,2	20,0

Quellen: NBS, China Monthly Economic Indicators

Deutsche Investitionen

Tabelle 12 Deutsche Direktinvestitionen in China (reinvestierte Gewinne bleiben unberücksichtigt)

Jahr(e)	Anzahl der genehmigten Projekte	Vereinbarte Investitionen (Mio. US-$)	Realisierte Investitionen (Mio. US-$)	kumulierter Bestand (Mio. US-$)
1978–1993	578	1519	546	546
1994	314	1233	259	805
1995	355	1659	386	1191
1996	256	1000	510	1701
1997	221	628	1008	2709
1998	207	2374	987	3696
1999	194	1025	1347	5043
2000	290	2978	1251	6294
2001	275	1171	1261	7555
2002	272	915	928	8483
2003	451	1390	860	9343
2004	608	2280	1060	10403
2005	n. v.	n. v.	1550	11953

Quelle: Chinesisches Außenhandelsministerium

Finanzen

Allgemeines

Alles in allem haben sich Chinas Perspektiven nicht zuletzt durch den WTO-Beitritt verbessert. Vor allem deshalb, weil das Land dadurch gezwungen ist, seine Wirtschaft zu liberalisieren. Zudem wird die weitere Entwicklung durch den im Vergleich zu anderen Entwicklungsländern intakten Finanzstatus und die hohe Attraktivität des Landes bei ausländischen Investoren begünstigt. Allerdings vollzieht sich der ökonomische Aufstieg nicht frei von Spannungen und Risiken. Der Sanierungsbedarf im Bankensektor, der nach wie vor unter einem großen Volumen „fauler Kredite“ leidet, die noch immer zahlreichen, mit Verlust arbeitenden und überschuldeten Staatsunternehmen sowie der soziale Konfliktstoff (Arbeitslosigkeit, ungleiche Einkommensverteilung) könnten die Stabilität des Landes beeinträchtigen.

Devisenreserven

Mitte 2007 betrugen die chinesischen Devisenreserven über 1300 Milliarden US-$. China unterhält damit heute die höchsten Devisenreserven weltweit.

Patchwork-Ökonomie erschwert die Übersicht

China ist kein komplexes großes Gebilde, das mit zweistelligen Wachstumsraten pro Jahr wächst, sondern vielmehr eine Ansammlung einzelner regionaler Ökonomien. Bei Betrachtung der einzelnen Provinzen wird man feststellen, dass es sich um zusammengewürfelte kleine Volkswirtschaften handelt, von denen einige in halsbrecherischem Tempo wachsen und sich entwickeln, andere den Anschluss offensichtlich nicht herstellen können.

Was die künftige Entwicklung angeht, ist China sicherlich zu den größten Hoffnungsträgern zu zählen. Überall auf der Welt sind Unternehmen derzeit damit beschäftigt, darüber nachzudenken, wie man an den gewaltigen Entwicklungschancen der Volksrepublik teilhaben kann oder wie man mit dem umgehen sollte, was manch einer als Bedrohung der eigenen Position zu deuten versucht. Weltkonzerne wie Sony, Nike oder Adidas produzieren seit Jahren in China, weil die Lohnkosten dort im Vergleich mit den USA oder Deutschland nur einen Bruchteil betragen und selbst die Billiglohnländer Mexiko oder Taiwan bei der Lohnfrage schlagen. Infineon investierte 2005 1,2 Milliarden US-$ und stockt seine Belegschaft in China auf 3000 Mitarbeiter auf.

Wenn China seine Wirtschaftsreformen weiter vorantreibt, wird es über kurz oder lang zu einer ernsthaften Wirtschaftsmacht werden. Deutlich wird dies am Beispiel der norditalienischen Stadt Como, wo einstmals 50% der weltweiten Rohseide produziert wurden. Mittlerweile kommen 95% der Rohseide aus China, Como ist auf einen Faktor zwischen 2 und 3% zurückgefallen.

Erstaunlich ist, dass dies auch auf Industriezweige zutrifft, die traditionell lokal oder national verankert sind und nicht so stark den Globalisierungstrends unterliegen, wie z.B. die Herstellung von Möbeln. Der Versand ist wegen Größe, Gewicht und Sperrigkeit der Güter einfach zu teuer. Über die vergangenen drei Jahre ist die Beschäftigung in der US-Möbelherstellung um ungefähr ein Drittel zurückgegangen, was auch auf die exportorientierte chinesische Industrie zurückgeführt werden kann. Bemerkenswert ist dabei, dass hier fast alle Exporte aus Dongguan in der Provinz Guandong kommen.

Der Großteil des Wachstums wird von drei Regionen getragen, die alle maximal 300 km von der Küste entfernt liegen. Das Greater-Pearl-Fluss-Delta, das Yangtse-Delta und die Bohai-Region (in der Nähe von Peking und Tianjin) zusammen machen lediglich 3% der gesamten Landesfläche und 20% der Bevölkerung aus, aber 45% des BIP und über 70% des internationalen Handels und Investments. Bewegt man sich nur eine Provinz weiter, fällt die Exportquote beträchtlich. Genau darin liegt die Herausforderung für Chinas Führung.

Staatsbetriebe haben angefangen, auf die Anforderungen und Bedürfnisse des Marktes zu reagieren. Die Zentralregierung verfolgt nun mehr ein Management by Exception als ein Management by Rule und überlässt wirtschaftliche Entscheidungen den örtlichen Behörden. (Ausländer kritisieren oft, dass das Wirtschaftsleben immer noch dem „Management by Rule" folgt statt dem verlässlicheren westlichen Vorbild eines „Management of Exception".)

Dies hat in den vielen Fällen zur Verbesserung vor Ort, aber ebenso zur Entwicklung eines lokalen Protektionismus geführt, der den Handel mit fremden Ländern manchmal einfacher macht als den Handel zwischen einzelnen Provinzen.

Eine „typische Strategie" für China gibt es nicht. Die regionalen Disparitäten bringen es mit sich, dass ein Unternehmen seine Aktivitäten nicht von einem einzigen Standort aus managen kann. Deshalb etablieren multinationale Unternehmen häufig mehrere Standorte, um ihr Management den jeweiligen regionalen Anforderungen bzw. Gegebenheiten anzupassen. Ein „Management by Remote Control" von einer Zentrale, z.B. in Hongkong, gehört der Vergangenheit an.

Deng Xiaoping ist der meistzitierte Chinese. Seine Sprüche werden kolportiert wie früher die von Mao. „Jeder Chinese soll die Möglichkeit haben, reich zu werden. Nur nicht alle auf einmal", ist ein typischer Deng-Satz. Dazu sollte der Kapitalismus zunächst „getestet" werden. Als Testzentren sollten die „Sonderwirtschaftszonen" dienen. 1980 wurde damit begonnen, solche Sonderwirtschaftszonen einzurichten. Shenzhen und Shantou (Provinz Guangdong), die Insel Hainan, Shantou und Xiamen stellen die kapitalistischen Experimentierfelder dar. Im Juni 1990 wurde zusätzlich das Neue Gebiet Pudong (Shanghai) für ausländische Investitionen geöffnet. Darüber hinaus genießen 14 „Offene Küstenstädte" die Vorzüge der freieren Regelung. Beijing, Shanghai, Chongqing und Tianjin sind unabhängige Städte, die nur der Zentralregierung unterstellt sind.

Seit dem Jahr 2000 wird in China die Strategie „Go West" verwirklicht. In diesem Rahmen werden ausländischen Investoren in Westchina ähnliche Vergünstigungen gewährt wie in den Sonderwirtschaftszonen, um auch das westliche Hinterland zu entwickeln.

In China sind die reichsten Regionen etwa acht- bis zehnmal wohlhabender als die ärmsten Provinzen vergleichbarer Größe. Zur Behebung dieser Ungleichheiten bedarf es maßgeschneiderter Fiskalpolitik für jede einzelne Provinz. Vor allem aber gilt es, in den Gegenden, wo es „aussieht, wie auf dem Mond", eine Infrastruktur zu installieren, die eine wirtschaftliche Kommunikation mit den benachbarten Provinzen erst möglich macht.

Probleme

Kernprobleme der Binnenwirtschaft

- *Restrukturierung der Staatsunternehmen*
  Ineffizienzen sollen abgebaut werden, ohne den sozialen Druck durch steigende Arbeitslosigkeit zu stark werden zu lassen. Die Umwandlung von Staatsunternehmen in funktionierende Privatunternehmen schreitet nur langsam voran. Noch profitiert das „Land ohne Brüder und Schwestern" davon, dass viele junge Menschen auf den Markt drängen. Doch bereits heute wollen in China rund 300 Millionen Menschen, die altersbedingt nicht mehr arbeiten können, versorgt werden. Die Ein-Kind-Politik und die verbesserte medizinische Versorgung führen zwangsläufig zu einer Alterung der Gesellschaft. Ein Großteil der Staatsbetriebe arbeitet ineffizient, dient aber der sozialen Sicherung seiner Mitarbeiter und erhält nur aus diesem Grund Bankkredite, die er unter wirtschaftlichen Bedingungen nicht erhalten dürfte. Nach dem Prinzip der Einheit („Danwei") bietet das Unternehmen nicht nur den Arbeitsplatz, sondern auch Wohnung, Kindergartenplatz, Krankenversorgung, Versorgung im Alter usw. Je mehr Staatsbetriebe in private Betriebe umgewandelt oder insolvent werden, desto

dringender muss China eine neue Form der Altersvorsorge und sozialen Sicherung aufbauen. Dazu sind Milliarden nötig.

- *Reform des Finanzsektors*
  Sehr hohe uneintreibbare Forderungen, so genannte „bad loans“ (geschätzt mehr als 30% des gesamten Kreditvolumens); Schulden werden so genannten „Asset-Management-Gesellschaften“ übertragen. Teilweise wird die Umwandlung von Krediten in Beteiligungen versucht (Debt-Equity-Swap). Staatliche Banken halten noch immer viele Staatsunternehmen am Leben, die längst nicht mehr wettbewerbsfähig sind. Die faulen, nicht unabhängig vergebenen Kredite werden auf rund 500 Milliarden Dollar geschätzt – etwa die Hälfte dieser Summe müssen die Banken wahrscheinlich vollständig abschreiben. Obwohl nach dem WTO-Beitritt neben der allmächtigen Zentralbank „People's Bank of China“ eine Art Bankenaufsicht (CBRC) gegründet wurde, ist man noch weit von einer funktionierenden Kontrolle des Finanzsektors entfernt.

- *Wirtschaftliche Spaltung*
  Auseinander klaffende Entwicklung zwischen den prosperierenden Küstenprovinzen und insbesondere den zentral- und westchinesischen Provinzen. Entsprechende Regierungsprogramme wurden bereits initiiert.

- *Geringe Konsumnachfrage bei hoher Sparquote* (geschätzt ca. 40% in 2007), verursacht durch Sorge der Bevölkerung um mögliche Arbeitslosigkeit, fehlende Sozialversicherungen und hohe Ausbildungskosten für die Kinder.

- *Korruption*
  Allgegenwärtig. Wie überall auf der Welt vor allem im Immobilienbereich. Ein enormes Problem im Zuge des Wachstums ist die Bereicherungslust der Bürokraten.

Chinas obere Kader der Kommunistischen Partei engagieren sich mit Geld zweifelhafter Herkunft oft an der Börse oder fördern die Karriere ihrer Sprösslinge. Selbst exponierte Persönlichkeiten nutzen ihren politischen Einfluss für Millionengeschäfte. Aktionen außerhalb der Legalität werden allerdings rigoros und öffentlichkeitswirksam bestraft. Einen großen Teil der zum Tode Verurteilten stellen korrupte öffentliche Funktionsträger.

Energie

Die Volksrepublik ist bei den Energieträgern Öl und Gas Netto-Importeur, d.h. China ist auf Öl- und Gaslieferungen von außen angewiesen. Durch leicht gebremstes, stabiles Wachstum könnte China eine weitere Verteuerung der Rohstoffpreise verhindern. Dies ist der einzige Bereich, in dem die Volksrepublik wirklich verwundbar scheint. China wird – besonders bei anhaltend schnellem Wachstum – auch weiterhin einen hohen Energiebedarf haben. Daher könnte es sein starkes Wachstum aus eigenem Interesse auf rund 8% jährlich limitieren, um eine Überhitzung zu vermeiden.

Die Energieversorgung ist eines der Hauptprobleme der chinesischen Industrie. Diesen Engpass versucht man durch regelmäßige Stromunterbrechungen zu unterbinden. Die Situation hat sich jedoch in den meisten Zentren bereits 1994 entschärft. Trotzdem gibt es einzelne Betriebe, die aufgrund von Energieversorgungsproblemen nur an vier Tagen pro Woche arbeiten. Aus Gründen der besseren Verteilung der Nachfrage nach Energie ist das „freie Wochenende“ bei verschiedenen großen Betrieben oft auf unterschiedliche Tage verteilt. Ein kreativer Einfall, der in Deutschland z.B. unvorstellbar wäre.

Umweltverschmutzung

Die Kohle, mit der China überwiegend seinen Energiebedarf deckt, ist hauptsächlich für die starke Luftverschmutzung und den sauren Regen in vielen Städten verantwortlich. Die Luft ist extrem mit Staub oder Schwefeldioxid belastet. Der stark wachsende Kraftverkehr mit Diesel- und Ottomotoren verstärkt die Tendenz. Abgasnormen setzen sich wegen der Kosten nur langsam und zögernd durch.

Im Landesinneren ist mancherorts die Versorgungslage mit Trinkwasser kritisch. Fast alle Flüsse sind stark durch Schwermetalle, Chemikalien und Öle belastet.

Ein weiteres Problem ist die Wüstenbildung, die immer weiter voranschreitet. In den vergangenen 50 Jahren hat China eine Waldfläche von annähernd der Größe Deutschlands und Frankreichs abgeholzt. Hauptursache sind der Kahlschlag für neue Ackerflächen und der wachsende Bedarf der Landbevölkerung an Brennholz. Aufforstungsprojekte mit schnell wachsenden Baumarten laufen zwar, allerdings bleibt dabei die Artenvielfalt auf der Strecke.

- *Verkehr*

Die Verkehrssituation ist teilweise dramatisch. Zu Hauptverkehrszeiten sind z.B. in Peking nur 11 km/h möglich. Wenn im Jahr 2008 die Olympischen Spiele in Peking stattfinden, werden schätzungsweise 3,5 Millionen Autos auf den Straßen der Stadt unterwegs sein, was immer noch weniger wäre als in New York oder Tokyo. Die Mängel in der Transportwirtschaft der VR China sind somit zu einem der folgenreichsten Engpässe der chinesischen Wirtschaft geworden. Betroffen von diesen Mängeln sind alle Bereiche des Verkehrswesens. Das Straßennetz kann sowohl von der Länge als auch vom Ausbauzustand den heutigen Anforderungen nicht mehr genügen. Zwar erscheint das überörtliche Straßennetz derzeit ausreichend, einige Regionen weisen jedoch im Verhältnis zur Dichte ihrer Bevölkerung und ihrer Wirtschaftskraft eine viel zu geringe Verkehrswegedichte auf.

Obwohl in vielen Zentren, wie z. B. in Shanghai, mit dem Bau von verkehrsentlastenden U-Bahnen und Hochstraßensystemen auf bestehende Engpässe reagiert wurde, ergibt sich für die Zukunft ein enormes Kapazitätsdefizit im Bereich der Verkehrsinfrastruktur.

Automobilindustrie

Als Schlüsselindustrie verdient der chinesische Automobilsektor besondere Aufmerksamkeit. China schüttelt hier zunehmend seine Reputation als Kaiserreich der Fahrräder ab. Wachsender Wohlstand eröffnet immer mehr Chinesen den Weg zum eigenen Auto.

So erreichten in 2006 die Verkäufe von Neufahrzeugen 7,2 Mio. Einheiten, was die Volksrepublik nach den USA und Japan zum drittgrößten Automobilmarkt weltweit aufsteigen lässt. In China besitzen derzeit ca. drei von hundert Chinesen einen eigenen PKW. Vor dem Hintergrund, dass im weltweiten Durchschnitt 12 % ein Auto besitzen, sieht die internationale Automobilindustrie enorme Wachstumspotenziale in China. Ihre Investitionsabsichten summieren sich zusammen auf mehr als 60 Milliarden US-$ in den nächsten Jahren.

Bereits vor 60 Jahren begann die Geschichte der chinesischen Automobilindustrie mit der Errichtung von Automobilfabriken in Tianjin und Shanghai durch die Firma Toyota. Mitte der fünfziger Jahre begann die chinesische Firma First Automotive Works (FAW) mit der Unterstützung der damaligen Sowjetunion in Changchun, Nanjing und Shanghai die Produktion von LKWs. Ab 1958 wurden dann in Changchun PKWs vom Typ „Rote Fahne“ und in Shanghai Nachbauten des Mercedes 180 mit Namen „Phoenix“ produziert. Der Gesamtbedarf für Automobile wurde jedoch weitgehend durch Importe gedeckt.

Seit 1978 verfolgt die Regierung das Ziel, Anschluss an die westliche Automobiltechnologie zu gewinnen. Die Umsetzung dieses Vorhabens war jedoch nur mit ausländischen Partnern möglich. Shanghai Volkswagen Automotive Company Ltd. (SVW) war dabei das erste Joint Venture mit einem ausländischen Automobilhersteller. Es wurde nach langen Verhandlungen 1984 gegründet und war der

Grundstein für einen systematischen Aufbau einer modernen PKW-Fertigung in China.

Nahezu 90% der PKWs, die in China produziert werden, kommen von ausländischen Herstellern wie VW, General Motors (GM), Honda, Citroën, Toyota, Ford und BMW. Chinas staatseigene Autobauer – First Automotive Works Corp. (FAW), Dongfeng Motor Corp. und Shanghai Automotive Industrie Corp. (SAIC) – werden als die großen Drei bezeichnet. Im April 2005 musste die SAIC ihren Traum begraben, mit der Übernahme von MG-Rover endlich eine eigenständige Marke auszubauen. Rover ging zum zweiten Mal Pleite.

Die großen staatseigenen Autobauer FAW, Dongfeng und SAIC unterhalten profitable Joint Ventures mit ihren ausländischen Partnern. Dadurch haben Chinas Autobauer in den vergangenen Jahren viel gelernt. Bereits auf der IAA im Jahr 2005 stellten mehrere chinesische Unternehmen ihre Fahrzeuge aus. Noch stellen sie für westliche Autobauer keine Gefahr dar. Der Geländewagen „Zhongua“ (Landwind), der 2005 auf den deutschen Markt gebracht wurde, verschwand nach 2 Jahren wieder aufgrund von Sicherheitsmängeln. Der einzige im Jahr 2007 auf dem deutschen Markt erhältliche China-Pkw, die Mittelklasselimousine „Brilliance BS6“ erhielt bei einem Crashtest lediglich einen Stern. Indiskutabel, vor dem Hintergrund, dass die meisten europäischen Kleinwagen bereits fünf Sterne erlangen. Auf der IAA 2007 präsentierten sich wieder mehrere kleine chinesische Hersteller. Der Weg ist jedoch klar: Die Chinesen wollen in Zukunft weltweit wettbewerbsfähige Fahrzeuge herstellen und verkaufen.

Top-Luxusmarken der obersten Klasse werden nach wie vor importiert. Das deutsch-chinesische Beratungsunternehmen CMC/HUADE – China Marketing Consulting, Shanghai – hat seit über 20 Jahren viele internationale Automobilzulieferer nach China gebracht und in zahlreichen Joint Ventures mit chinesischen Unternehmen verschmolzen.

Ausländische Investitionen in China

Die Klugheit der Chinesen bestand Mitte der siebziger Jahre in der Erkenntnis, dass man ohne Verbindung zu den westlichen Industrieländern und deren Know-how nicht zu der notwendigen wirtschaftlichen Entwicklung kommen würde, die für das Land überlebenswichtig war. In der Folgezeit versuchte Deng, mit einer „Politik der offenen Türen“ langsam eine Vertrauensbasis für eine grundsätzliche Aufnahme von engeren wirtschaftlichen Kontakten zu schaffen. Nach mehr als einem Jahrzehnt der „Open-Door-Policy“, in deren Verlauf immer mehr Ausländer die Wachtumschancen in China erkannten, assimilierten sich zwei diametral entgegen gesetzte Welten und Ideologien zu einer rationalen Interessengemeinschaft. China begriff schnell, wie weit man den Ausländern entgegenkommen muss. Die Investoren respektierten die politischen Gegebenheiten, die sie zwar als Behinderung, aber auch als Garant einer wirtschaftlichen Kontinuität empfanden. Die Ehe zwischen Kapitalismus und Kommunismus funktioniert in diesem weltweiten Erstmodell auf erstaunlich pragmatische Weise.

Niedrige Löhne machen China attraktiv

Unumstritten ist, dass Chinas Lohnkosten den Hauptanteil an der Motivation ausländischer Investoren hat, in China zu produzieren. Gegenwärtig besteht in der VR China ein Mangel an gut ausgebildeten, qualifizierten Facharbeitern und Führungskräften, da sich noch keine klaren Managementstrukturen gebildet haben. Westliche Führungspraktiken werden aber vermittelt und erlernt. Aufgrund dieses Mangels besteht das Problem der Abwerbung insbesondere zwischen einzelnen Joint-Venture-Betrieben.

Neben den hohen Kosten für Projektmanagement in China müssen deutsche Führungskräfte und Arbeitnehmer angeworben werden, die bereit sind, in der VR China zu leben, und die zudem auch von den chinesischen Partnern und der Belegschaft akzeptiert werden. Nur wenige, die sich für einen Auslandseinsatz bewerben, bringen ausreichende Qualifikation mit. Die Qualifizierung selbst, aber auch die erheblichen Positionierungskosten in China übersteigen häufig die Möglichkeiten des kleineren Mittelstandes. So kommt es, dass in China im Wesentlichen große Mittelständler und die internationale Industrie investieren. Die Universitäten der VR China versuchen, westlichen Standard zu erreichen, und gehen dabei nach westlichen, häufig deutschen Lehrplänen vor. Damit wächst die Zahl gut ausgebildeter Fachkräfte.

Ziel der Öffnungspolitik ist es, aufgrund mangelnden Know-hows oder vorhandener Technologiedefizite notwendige Importe durch eigene Produktion mit Hilfe ausländischer Partner zu substituieren. Dabei spielt die Erweiterung des chinesischen Zulieferanteils eine entscheidende Rolle. Dieser wird als „Local Content" bezeichnet und hat u. a. entscheidenden Einfluss auf den beim Import von Komponenten für ein in China gefertigtes Produkt erhobenen Zollsatz.

> Ist der wertmäßige chinesische Zulieferanteil am entstehenden Gesamtprodukt groß, so sinkt der Zollsatz für importierte Komponenten und umgekehrt. Dies führt bei einer Erhöhung des Local Content zu einem überproportionalen Rückgang der Zollbelastung.

Chinesische Geschichtsdaten

und eine Auswahl deutscher Zeitparallelen

1949 Die Volksrepublik China wird ausgerufen. Mao Tse-tung ist Vorsitzender der Kommunistischen Partei Chinas. Nun vereinigt er noch die Ämter des Staatspräsidenten und des Vorsitzenden der Zentralen Militärkommission. Diese Machtfülle hat nach ihm erst wieder Hu Jintao seit 2004.

Die NATO wird gegründet. Deutsche sagen Ja zum Grundgesetz.

1957–1958 Unter der Headline „Lasst hundert Blumen blühen“ bedient sich Mao der emotionalen Bereitschaft des chinesischen Volkes zu Massenbewegungen. Am Ende eröffnet Mao eine Kampagne gegen alles, was er für rechts hält. Da links von Mao niemand mehr Platz hatte, muss ganz China die Folgen der Politik Maos ausbaden.

In Deutschland bricht ein Streit über Atomwaffen für die Bundeswehr los. Der EWG-Vertrag wird unterschrieben.

1958 Der große Sprung nach vorn destabilisiert die ohnehin schon marode Landwirtschaft Chinas vorerst endgültig. Millionen von Bauern lassen sich zu Begeisterungsstürmen für eine volkswirtschaftliche Schnapsidee hinreißen.

Millionen verhungern. Die übrig bleiben, ziehen die Lehre aus der bitteren Erfahrung, dass Ideen nicht satt machen und ideologische Begeisterung Technologie und betriebswirtschaftliche Kalkulation nicht ersetzt.

In Deutschland fordert der SPD-Abgeordnete Heinemann den Rücktritt Adenauers, weil der Kanzler nicht bereit ist, einem Angebot Stalins auf den Leim zu gehen. Der Russe bietet Wiedervereinigung, freie Wahlen, Pressefreiheit und Duldung einer deutschen Armee, wenn die BRD keinem westlichen Militärbündnis beitritt.

1962 China bricht mit der UdSSR und befreit sich von der ideologischen Bevormundung durch den mächtigen Nachbarn.

Ostdeutsche Uniformträger üben sich weiter in Gehorsam und erschießen den jungen Ostberliner Peter Fechter bei einem Fluchtversuch an der Mauer.

1966 Die Kulturrevolution breitet sich aus und hat ihren Höhepunkt ab 1968. Die roten Garden treiben ausgerechnet die Menschen durch die Straßen, die das intellektuelle Potenzial haben, China wirtschaftlich und politisch nach vorn zu bringen. Die „wahrhaft aktiven, tapferen und standfesten Schüler Maos“ verwandeln Peking in eine „wahrhaft proletarische und revolutionäre Stadt“. Mao will die „Rückkehr zu den Sitten der Volkskommune von 1958“.

1968 *Zehn Jahre nach der Volkskommune in China rennen deutsche Studenten mit der Mao-Bibel durch die Universitätsstädte und brüllen Ho-Ho-Ho-Chi-Min. Rotchinas politische Enklaven in Westberlin und Bonn krönen ihre Unterstützung der „Großen Proletarischen Kulturrevolution“ in vielen Fällen mit der deutschen Beamtenlaufbahn. Hunderte von Lehrern bevölkern seitdem das Parlament. Seit dem Studium von Maos „Lasst hundert Blumen blühen“ bezeichnet sich die deutsche Linke als intellektuell.*

1971 Nationalchina (Taiwan) muss seinen Sitz im Weltsicherheitsrat an Beijing abtreten. Die Entscheidung der UNO-Vollversammlung beendet mit 76 Ja-Stimmen gegen 35 Nein-Stimmen bei 17 Enthaltungen einen seit 1950 währenden Streit der Volksrepublik mit Tschiang Kai-schek, der alle Rechte in der UNO verliert.

Bundeskanzler Brandt besucht Breschnew auf der Krim. Kaiser Hirohito besucht die Bundesrepublik.

1972 Der US-Präsident Richard Nixon besucht China und unterzeichnet das Kommuniqué von Shanghai. Taiwan wird als Teil Chinas anerkannt. Ein bis heute währender Streit um die Insel beginnt.

Die Polizei verhaftet Holger Meins, einen der Führer des RAF-Terrorismus. Der Großindustrielle und Waffenlieferant Hitlers Friedrich Flick stirbt mit 89 Jahren als reichster Mann Deutschlands. Heinrich Böll erhält den Nobelpreis.

1976 Ein Mythos stirbt. Mao Tse-Tung beendet sein Leben am 9. September im Alter von 83 Jahren. 1921 gehörte er zu den 57 Gründungsmitgliedern der Kommunistischen Partei Chinas. Vier Wochen nach Maos Tod beginnt die Verhaftung der Viererbande. Maos Witwe Tschiang Tsching wird mit den anderen „Verschwörern" als „Staatsfeind" geächtet.

Der evangelische Pfarrer Oskar Brüsewitz verbrennt sich auf dem Marktplatz zu Zeitz (DDR), weil er sich von seiner Kirche im Kampf um die Jugend gegenüber der SED allein gelassen fühlt. Ulrike Meinhof, leitender Kopf der RAF, begeht Selbstmord. Hans-Ulrich Rudel, legendärer Fliegeroberst im Zweiten Weltkrieg, nimmt an einer Traditionsveranstaltung des Jagdgeschwaders „Immelmann" teil. Als sie auf die öffentliche Kritik mit Hinweis auf den „Moskauer Kommunisten Herbert Wehner im Bundestag" reagieren, kündigt Verteidigungsminister Leber den beiden Luftwaffen-Generälen Franke und Krupinski fristlos.

1977 Deng Xiaoping setzt sich mit seinen Ideen durch. 1978 gilt als Beginn der Wirtschaftsreformen.

1978 Die 3. Plenarsitzung des 11. Parteitages der KPC beendet die Kulturrevolution und setzt Signale für eine Öffnungspolitik.

1980 Gründung der ersten Wirtschaftssonderzonen Shenzhen, Zhuhai, Shantou und Xiamen.

1983 Der 6. Volkskongress wählt Zhao Zi Yang zum Ministerpräsidenten.

1984 Erste Teilnahme der Volksrepublik China an der 23. Olympiade.

1987 Auf dem 13. Parteitag der KPC wird die Theorie von eine Sozialistischen Marktwirtschaft formuliert.

1988 Erste Tagung des 6. Volkkongresses. Li Peng wird Ministerpräsident.

1989 Am 4. Juni 1989 setzt ein Militäreinsatz den Demonstrationen der Studenten in Beijing und anderen Großstädten ein Ende.
Im Juni 1989 wählt die 4. Plenartagung des Parteitags Jiang Zemin zum Parteichef. Im November 1989 wird Jiang Zemin auch Vorsitzender des Militärkomitees.

Der russische Präsident Gorbatschow lässt die Öffnung der Grenzen der DDR zu.

1992 Im Januar und Februar bereist Deng Xiaoping Südchina. In vielen Gesprächen wird die Theorie der Sozialistischen Marktwirtschaft für China erörtert und politisch definiert.
Die 1. Tagung des 8. Volkskongresses wählt Jiang Zemin zum Staatspräsidenten. Li Peng beginnt seine zweite Amtszeit als Ministerpräsident.

1993 Beginn des Drei-Schluchten-Staudamms. Das Riesenprojekt soll 2009 fast 20 Mio. KW Strom erzeugen. Gesamtkosten circa 20 Milliarden Euro.

1994 Chen Xi Tong, erster Parteichef Beijings, wird wegen Korruption zu 16 Jahren Gefängnis verurteilt. Der Kampf gegen die Korruption wird eröffnet.

1997 Am 19. Februar stirbt Deng Xiaoping.
Am 1. Juli kehrt Hongkong zurück ins Reich.

1998 Zhu Rong Ji wird auf der 1. Tagung des 9. Volkskongresses Ministerpräsident.

1999 Strategische Festlegung für die wirtschaftliche Erschließung der westlichen Gebiete Chinas.
Start des unbemannten chinesischen Raumschiffs.
Rückkehr Macaos nach China.

2001 Beijing wird Olympia-Stadt für 2008.
Beitritt Chinas zur WTO.

Die deutschen Botschaften erhalten die Anweisung „In dubio pro libertate". Besonders in Kiew/Ukraine werden Visa am Fließband ausgegeben. Zehntausende tauchen in Deutschlands krimineller Szene unter.

2002 Das 30. Jubiläum der diplomatischen Beziehungen Deutschland – China wird gefeiert.
1. Plenarsitzung des 16. Parteitags: Hu Jin wird Parteisekretär der KPC und Staatspräsident nach Jiang Zemin
Shanghai wird Expo-Stadt für 2010.

2003 1. Tagung des 10. Volkskongresses: Wen Jia Bao wird Ministerpräsident.
Erster bemannter chinesischer Raumflug.

2004 Am 14. März 2. Tagung des 10. Volkskongresses.
4. Änderung der Verfassung der VR China:
Hu Jin Tao und Wen Jia Bao schützen und befördern private und nichtstaatliche Wirtschaft. Privatwirtschaftliche Interessen werden denen von Staatsunternehmen gleichgestellt. Der Schutz des privaten Eigentums wird in § 33 der Verfassung gesichert. Menschenrechte sollen geachtet werden.

Die Deutsche Botschaft in Beijing stellt im Jahr 2004 228 000 Besuchsvisa für Chinesen nach Deutschland aus, so viel wie kein anderes Land.

2005 Am 29. Januar wird Zhao Ziyang im Alter von 85 Jahren beerdigt. Öffentliche Kundgebungen zu seinem Tod werden unterbunden. 16 Jahre stand der liberale Nachfolger von Hu Yaobang unter Hausarrest. Die Volksrepublik droht Taiwan, mit „nicht friedlichen Mitteln" die Selbstständigkeit der Insel zu unterbinden.

2006 Chinas Devisenreserven betragen ca. 1,5 Billionen US-$. Vor dem Hintergrund der immer noch deutlich unterbewerteten Eigenwährung YUAN und einer durchschnittlichen Sparquote der chinesischen Haushaltseinkommen von ca. 40 % des Nettoeinkommens stellen diese Kapitalreserven einen Finanzhebel dar, der die internationalen Finanzmärkte in erhebliche Turbulenzen versetzen kann. Der politische Machtfaktor wächst analog.

2007 China steht ganz im Zeichen der Olympischen Spiele, die am 8. August im spektakulären

Nationalstadion von Beijing eröffnet werden. Für die Selbstdarstellung scheuen die Chinesen keine Kosten. Erziehungs- und Schulungsprogramme sollen Zehntausende von Chinesen, die mit der Organisation und Abwicklung zu tun haben, veranlassen, einige zweifelhafte hygienische Angewohnheiten abzulegen und sich als weltoffene Gastgeber zu benehmen.

Zum ersten Mal in der Geschichte der Volksrepublik China übernimmt jemand, der nicht Mitglied der KP ist, ein Regierungsamt. Herr Wang Gang ist Minister für Wissenschaft und Forschung. Aus dem Bereich der Hochschule kommend war er auch leitender Mitarbeiter bei AUDI in Deutschland und China.

Im März 2007 beschließt der Nationale Volkskongress eine Steuerreform, die die Gewinnsteuervorteile für ausländische Unternehmen abschafft.

2008 Die Welt ist zu Gast in China und sieht doch nur die Oberfläche. China hat 2008 mehr als 1,3 Milliarden Einwohner. Vom gesamten Bruttosozialeinkommen (ca. 2 Billionen US$) fließen 41 Prozent in den privaten und 11 Prozent in den öffentlichen Verbrauchssektor. **44 Prozent fließen in neue Investitionen.** Die Landwirtschaft trägt nur noch 15 Prozent zum Bruttosozialprodukt bei. Industrie, Handwerk und Dienstleistungen machen 85 Prozent aus.

Auf 1000 Einwohner kommen ein Arzt und 2 Krankenhausbetten. Die Hälfte aller Haushalte besitzt ein TV, ein Viertel hat Telefon-Anschluss, und ebenso viele benutzen ein

Mobilphone. 4 Prozent der Chinesen besitzen einen PC, aber nur 0,2 Prozent einen Internet-Anschluss. Mit einer Inflationsrate von 1,4 % ist die chinesische Währung im Vergleich zu europäischen Teuerungsraten sehr stabil.

SERIE PIPER

Christoph Neumann

Darum nerven Japaner

Der ungeschminkte Wahnsinn des japanischen Alltags. 192 Seiten. Serie Piper

»Darum nerven Japaner« ist der ungeschminkte Bericht eines Deutschen, der in Japan lebt. Er weiß alles, sogar, wo man im Land des Lächelns ernste Zombies findet und wie (und warum!) Japaner sich auf »Off« stellen. Wußten Sie, daß ein japanischer Gasableser an einem erfolgreichen Arbeitstag bis zu fünfzig Mal Hausschuhe anziehen muß, damit aber nicht aufs Klo seiner Gastgeber darf? Lernen Sie Japan kennen und seinen veritablen Wahnsinn, seine witzigen und haarsträubenden Sitten, Vorschriften, Verbote. Aber bitte beachten Sie die Regeln!

»Ein komisches Kaleidoskop fernöstlicher Rätselhaftigkeit, das nicht nur Japaner amüsiert.«
Mainpost

05/2150/01/L

Thomas Baumann

Die spinnen, die Deutschen

Expeditionen durch den ganz normalen Wahnsinn. 256 Seiten. Serie Piper

Thomas Baumann ist durch die Republik gereist, um vor Ort zu erfahren, ob wir nicht doch etwas neben der Spur laufen. Neugierig-kritisch betrachtet er die Deutschen und ihr Selbstverständnis, denn die Welt vermutet seit Jahrhunderten zu recht: Die spinnen, die Deutschen. Eine vergnügliche, schräge Wundertüte mit rund fünfzig entwaffnenden Expeditionen zu deutschen Tugenden – von »Wetten, dass« bis Poetry Slam, von Aldi bis Liz Mohn, von neuer deutscher Rechtschreibung bis Stiftung Warentest. Selbstironisch blicken wir mit ihm in den Spiegel und verfolgen amüsiert sein gekonntes Spiel mit den Vorurteilen, Gemeinplätzen und Schablonen, die sich die Deutschen selbst an den Hals geholt haben.

»Wir haben die grüne Partei erfunden, das Teebeutelproblem und die Mülltrennung zu einem Geschicklichkeitswettbewerb erhoben.«
Thomas Baumann

05/2183/01/R

Lothar J. Seiwert

Balance Your Life

Die Kunst, sich selbst zu führen. Mit Cartoons von Werner Tiki Küstenmacher. 244 Seiten. Serie Piper

Deutschlands führender Zeitmanagement-Experte zeigt Ihnen, wie Sie Ihr Leben in Balance halten können. Wer möglichst viel in möglichst kurzer Zeit bewältigen möchte, gerät rasch in eine Falle. In einer Zeit, in der wir den widersprüchlichsten Anforderungen gerecht werden müssen, gilt es, zum Manager des eigenen Selbst zu werden und sinnvoll zwischen den verschiedenen Dimensionen des Lebens zu balancieren. Lothar J. Seiwert entwickelte das überzeugende Konzept der Kunst, sich selbst zu führen: Life-Leadership.

05/1924/01/L

Laotse

Tao te king

Das Buch des Alten vom Sinn und Leben. Aus dem Chinesischen und erläutert von Richard Wilhelm. Einleitung von Martina Darga. 320 Seiten. Serie Piper

Das »Tao te king« ist das bedeutendste Werk der traditionellen chinesischen Philosophie, zugleich eines der meistübersetzten chinesischen Bücher. Laotse ist der berühmteste Vertreter des Taoismus, und er zielt in den 81 eindringlichen Sprüchen des »Tao te king« auf den ursprünglichen Sinn des Lebens. Sie bieten philosophische und zugleich praktische Anweisungen. Nirgends läßt sich die geheimnisvolle Lehre des Tao klarer, nirgends poetischer erfassen als in dem 2500 Jahre alten »Tao te king«.

»Eines der herrlichsten Bücher Chinas.«
Hermann Hesse

05/2005/01/R

SERIE PIPER

SERIE PIPER

Walter Krämer / Gerald Mackenthun

Die Panik-Macher

362 Seiten. Serie Piper

Wir sind ein Volk von Angsthasen, behaupten Walter Krämer und Gerald Mackenthun. Viel zu schnell lassen wir uns Angst einjagen, Angst um unsere Gesundheit, um die Jobs, um das Geld. Das wäre nicht so schlimm, wenn wir wenigstens Angst vor den wirklichen Gefahren hätten. Was uns fehlt, ist eine kühle Risiko-Abwägung: Leben ist ohne Risiko nicht möglich. Also sollten wir kalkulieren, was wirklich gefährlich ist – und was weniger. Der Statistiker Walter Krämer und der Wissenschaftsredakteur Gerald Mackenthun untersuchen die Katastrophenmeldungen der letzten Jahre, von Amalgam bis Zeckenplage, und klopfen sie daraufhin ab, was wirklich dahinter steckt. Ob wir ein Risiko für bedrohlich halten oder nicht, ist vor allem ein Wahrnehmungsproblem. Damit das anders wird, haben die beiden Autoren die »Krämer-Mackenthun-Risiko-Skala« entwickelt – damit auch wir lernen, ohne Panik zu leben.

05/1395/01/L

Roman Braun

Die Macht der Rhetorik

Besser reden – mehr erreichen.
284 Seiten. Serie Piper

Die Qualität Ihrer Kommunikation bestimmt Ihren beruflichen Erfolg, Ihre Zufriedenheit und Ihr Lebensglück. Entscheidend ist, wie Sie Ihre Qualitäten präsentieren, Konflikte lösen und Beziehungen aufbauen. Profitieren Sie vom Rhetorik-Know-how der letzten 2500 Jahre, von Aristoteles bis zur Hypno-Rhetorik®. In diesem Buch zeigt Roman Braun Ihnen nicht nur die zehn Einsteiger-Tipps, sondern auch bewährte und innovative Wege zur Rhetorik für Fortgeschrittene.

»So wünscht man sich einen Ratgeber: konsequent praktisch aufbereitete Tipps, die zur sofortigen Umsetzung einladen, illustriert mit Fallbeispielen, die das Thema nachvollziehbar und plastisch machen, und das alles flott und mit viel Hintergrundwissen verfasst. Absolut vorbildlich.«
Zeit zu leben

05/1442/02/R

HANSER

Chinas Griff nach der Macht.

Sandschneider
Globale Rivalen
256 Seiten.
ISBN 978-3-446-40934-3

Noch ist die globale Rivalität zwischen China und dem Westen nicht durch Konfrontation bestimmt. China beschränkt sich darauf, seine Entwicklung mithilfe von westlichen Investitionen, Technologie und Know-how voranzutreiben. Das wird sich ändern, wenn China seinen derzeitigen Pragmatismus in der Außenpolitik aufgibt und eine konsequente globale Interessenpolitik betreibt.
Darauf ist der Westen nicht vorbereitet. Im Gegenteil: Die Ohnmacht des Westens spielt China in die Hände. Das Hauptrisiko liegt in der Politik der USA. Dort werden im Umgang mit China gravierende Fehler gemacht. Europa träumt von Multilateralismus. Doch das entscheidende Risiko blenden beide weitgehend aus: Chinas prekäre innenpolitische Lage.

Mehr Informationen zu diesem Buch und zu unserem Programm
unter **www.hanser.de/wirtschaft**